어쩌다 쿠팡으로 출근하는 목사

어쩌다 쿠팡으로 출근하는 목사

송하용 씀

어쩌다 쿠팡으로 출근하는 목사

차례

내가 만든 우상, 대형교회 목사님   9

장신대 지옥 교문   13

목사 그만두겠습니다   28

기적도 담임목사 결재 맡아야 합니까?   36

성경을 담임목사 양념장에 찍는 게 설교라면?   50

적어도 사람이 의리는 있어야지   59

목사로서 당당하려면   70

행복하지 않았어 그리고 행복할 이유도 없었어   83

죽을 때 후회하고 싶지 않다   90

목사가 이런 일 할 수 있겠어?   98

하나님이 고객이라면? (젤리편)　　　　　　　　113

하나님이 고객이라면? (커피편)　　　　　　　　119

워킹(Walking)맨 예수 그리스도　　　　　　　　126

편의점 아빠가 더 좋아　　　　　　　　　　　　137

목사만 되면?　목사가 되고 난 후는?　　　　　146

보수적 목사 예수전도단에 가다!　　　　　　　153

Who Really are You?　　　　　　　　　　　　159

I just want to meet God　　　　　　　　　　　165

문제아 목사 예언을 받다　　　　　　　　　　　169

아무것도 '안' 하는 것이 나의 사역　　　　　　178

때가 차다	186
나 왜 사는 거지?	196
목사가 담배 이름 외우는 방법	208
내 꺼 83만 원!	218
예배만 드린다고 그곳이 교회는 아니다	223
교회는 그곳에 없었다.	230
전 프랑스 유학 갈 거예요	235
난 가족을 택할 거다	242
목사에서 새가족으로	250
사명 / 에필로그	264

내가 만든 우상,
대형교회 목사님

적어도 1980년도 즈음에 태어난 목회자들은 대형교회 목사가 우상이었다. 대형교회 목사처럼 되고 싶은 마음에 목사의 꿈을 품지 않은 사람이 누가 있을까? 1990년도부터 부흥하기 시작한 교회는 2000년을 맞이하여 절정에 이르렀다. 적어도 내가 겪은 교회의 모습은 그랬다.

그렇게 각인된 목사들의 모습이 내가 가야 할 목사의 모습이었다. 멋진 정장에 화려한 조명, 그리고 모두가 떠받드는 모습, 한마디 한마디에 성도들이 열광하며 '아멘' 하는 모습, 그러한 성도들 속에서 나도 '아멘'이라 외치며 강대상 위를 쳐다보곤 했다. 그리고 내가 스스로 만들어낸 우상을 내가 가야 할 목사의 모습이라 생각했다.

스스로는 목사가 겸손하고, 어느 찬양의 가사처럼 주님이 보내는 어느 곳이든 가고, 개척교회나 시골 목회도 자진해서 가는 것을 당연하게 여겼지만, 나의 마음은 실상, 1만 명 교회 목회에 매달려 있었다. 99%가 어려운 목회 환경이라고 알고 있었지만 나만큼은 1만 명 교회의 미래가 펼쳐질 것처럼 신앙생활을 했다. 그도 그럴 것이 항상 큰 교회에서 자라왔고 항상 교회가 잘되는 것만 바라보고 살았으니까 당연한 일이었다.

신학대학원(이하 신대원) 1학년, 모두들 목회의 현실을 바라보라고 했지만, 나의 눈은 우상으로 가득했다. 성경이 그렇다는 것도 아니고 교회가 그렇다는 것도 아니다. 다만 내가 만든 우상이었다. 신대원에 채플(예배)시간에 와서 설교한 목사들은 내가 앉아서 고개를 높이 들고 보았던 목사들이었다. 성공한 목사들…. 그리고 내가 외친 '아멘'에 마치 하나님처럼 웃으며 받아준 목사로 보였다. 마치 자기가 손을 대면 만사형통이라고 외치며 치켜든 그 손이라도 한 번이라도 잡고 싶어 열광하는 나였다. 그리고 신대원 3학년이 되도록 난 그 우상을 내 마음속에서 다듬어 가고 있었다.

만약 허름한 판자촌이나 교회 임대료를 감당하기 힘들어 배달 알바(아르바이트의 약자)를 하거나 쿠팡에서 일용직으로 땀을 흘리는 목사들을 본다면 내가 목사가 되기를 기쁘게 결정했을까? 교회의 현실을 제대로 안다면 내가 목사가 된다고 그렇게 자랑스럽게 기도 제목에 쓰고 다녔을까? 담임목사가 되기 위해서 해야 하는 일들과 그 과정에서 얼마나 세상과 다를 바 없는, 기가 막힐 일들이 벌어진다면 과연 난 목사를 하겠다고 다짐했을까? 내가 목사를 그만두기 전까지 나를 버티게 한 것은 하나님이 아닌 내가 20년간 고이 조각했던 나의 우상 덕분이었다.

그 우상은 현실적인 문제에 부딪히면 튀어나왔다. 신대원 3학년 9월과 10월은 장로회신학대학교 홈페이지 초빙 게시판에 조회 수가 엄청나게 올라가는 기간이다. 특히 대형교회, 중형교회, 사택을 주는 교회, 의외로 사역이 많지 않은 교회 순으로 조회 수가 많이 올라간다. 컴퓨터 앞에 앉아 좀 더 혜택이 좋은 교회로 이력서를 넣어 보려고 고민하는 신대원 3학년이 대부분이었다.

지방으로 가면 영원히 지방에 머문다는 소문에 다들 우선 서울의 교회에 이력서를 넣어 보기도 한다. 혹시 지방에 가더라도 1,000명이 넘는 중형교회로 가는 것이 목표였다. 신대원을 마치고 석사(대학원)를 들어가는 이유도 학문이 아닌 담임목사의 조건을 충족하기 위함이었다. 그거 아는가?

담임목사 원서라도 넣으려면 최소한 박사학위는 가지고 있어야 서류라도 제출할 수 있다. 그렇게 석사, 박사학위도 교수의 끈을 따라 대형교회로 연결되는 것을 염두하고 공부하는 사람이 많았다.

지금도 많은 목회자가 하나님이 아닌 교단에 세워 놓은 우상을 향해 나아가고 있다. 하나님을 가린 그 우상이 목회의 성공일 것이란 착각 속에 말이다. 인간이 만든 우상만큼 인간을 더럽히는 것도 없듯, 목회자가 만든 목회자의 우상만큼 목회자를 타락시키는 것도 없다.

이 책은 이제 그 우상을 버린 사람의 이야기이다. 우상을 버리고 다시 시작하는 한 사람의 그저 그런 이야기이다.

장신대 지옥 교문

광나루역에 내려서 조그마한 골목길로 올라가다 보면 장신대 정문이 보인다. 처음에 장신대를 찾아갈 때 광나루역에서부터 짧은 거리지만 많이 헤매던 기억이 난다. 또 산 위에 자리 잡고 있어서 오르막길을 오르다 보면 저질 체력에 숨을 가쁘게 쉬기도 했다. 장신대를 찾아간 이유는 장로회신학대학교 신학대학원 목회자 후보생 과정을 위한 성경 입시학원을 등록하기 위해서다.

학원에 다닌다고 하니 주변에서 "무슨 학원이냐?", "고3처럼 입시학원이냐?", "석사과정 입학하는데 무슨 학원을 등록하냐?", "거긴 뭘 가르쳐 주냐?" 이런 질문을 참 많이 들었다. 나도 내가 신대원 하나 들어가자고 입시학원까지 등록할 줄은 몰랐다. 그 입시학원은 다름 아닌 신대원에서 출제되는 성경 시험을 가르쳐주는 곳이었다.

내가 장신대 입시를 준비할 때만 해도 시험은 성경의 구약 신약, 그리고 영어를 기준으로 각 100점씩 300점 만점이었다. 영어는 서울대 주관으로 치러지는 TEPS를 시험 보고 점수만 제출하는 거였고 신대원 자체 시험에서는 구약과 신약을 보았다.

그때 성경 입시학원은 '하늘진'과 '예수만나'가 가장 유명했는데 '예수만나'는 입시와 함께 성경 연구의 기본을 더 가르친다고 해서 사람들이 추천하지 않았고 입시만을 가르쳐주는 하늘진을 추천했다. 모로 가든 서울로만 가면 된다고 신대원에 들어가기 위한 안정권 점수만 따면 되기 때문에 사람들이 뭐라 하든 학원에 다니는 게 이상하게 생각되지 않았다. 그러나 난 원래 청개구리 성격이라 남이 하지 말라는 예수만나에 재빨리 등록해서 3월부터 그 유명한 장신대 신대원 입시 준비에 들어갔다. 월화수목금토, 쉬는 날도 없이 아침 9시 수업부터 정해진 오후 5시까지, 그러나 진도가 느려지거나 진도가 남으면 밤 11시까지도 남아서 성경 연구와 입시 문제를 풀었다.

금강산도 식후경이라고 했나? 진도는 정해진 시간보다 늦게 끝나도 아무 말 없었지만, 점심시간은 달랐다. 다들 입시 스트레스 때문인지 점심시간만이 스트레스를 겨우 풀 수 있는 유일한 기회였다. 그러나 돈 없는 학생이거나 배고픈 전도사라

식사는 대부분 장신대 학생식당에서 해결했다.

참으로 재미있는 게 식사 시간이 되면 입시준비생들은 교문을 거쳐 학식을 먹으러 올라가고 장신대 신대원생들은 교문을 거쳐 내려와 광나루 주변의 다른 식당을 찾아 내려갔다. 식사 시간에 지나치는 장신대 교문은 적어도 신대원 입시준비생들에게는 꿈이고 목표이고 희망처럼 보였다.

바울이 말한 푯대? 그것처럼 보였다. 게임이라고 한다면 깃발을 어떻게든 잡기만 하면 승리가 주어지는 것처럼 우리는 그곳을 합격 후에 들어갈 곳이라 여기며 기쁘게 다녔다. 그리고 하루도 빠지지 않고 2,500원 학식(학교식당의 줄임말)을 먹으러 교문을 통과했다.

예전이지만 그때 웃으며 아무렇지도 않게 교문을 지나치는 신대원생들을 보면 저들에게 저 교문은 어떤 의미일까 생각해 보기도 했다. 과연 학식 2,500원을 먹으려고 올라가는 게 아니라 목회자 훈련생으로서 장로회신학대학교 신학대학원생으로서 목사 후보생으로서 저 교문을 들락날락 거리는 것이 도대체 얼마나 큰 의미일까를 매번 생각하고 자주 생각했다.

나는 105기로 신대원에 입학했는데 나보다 한 기수 위로 입학한 고등학교 동창이고 같은 교회 출신인 친구 한 명이 먼저 다니고 있었다. 그 친구에게 신대원 1학년으로서 교문의 의미가 무엇이냐고 물으니 이런 말을 했다.

"뭐긴 뭐 같애! 인마, 지옥문 같지!"

지옥문 같다고 말한 놈에게 불경스럽다며 맞받아친 나에게 그 친구는 이렇게 다시 말했다.

"니가 인마, 들어와 봐 그럼 내 말이 무슨 뜻인지 알 거다!"

그렇게 말하는 친구에게 난 이렇게 푸념을 늘어놓았다.

"야, 난 지금이 지옥 같아. 공부하는데 죽겠어."

하긴 나에겐 신대원 입시를 준비하는 그 순간들은 지옥처럼 느껴졌다. 특별히 공관복음 비교연구와 열왕기와 역대기의 비교연구는 가히 지옥이라 말할 수 있었다.
오전 9시에 시작해서 자정 가까이 되어서 진도를 마친 적도 있었다. 때론 시험에도 나오지 않을 거 왜 배우나 속으로 욕하기도 했다. 기억하기론 가장 중요한 7~8월에 너무 앉아서 공부한 원인으로 치질에 걸려서 가만히 있는 것 자체가 고통이었다. 따끔함을 떠나 누가 수천 개의 바늘로 항문을 찌르는 듯한 고통을 참으며 병원 갈 시간도 아까워 약으로 버티며 공부했다. 아픈 엉덩이를 붙잡고 장신대 학식을 먹으러 올라갈 때면 교문이 정말 지옥문으로 보이기도 했다.

장장 10개월의 신대원 입시 준비 끝에 결실을 맺을 시험 당일이 다가왔다. 시험을 보러 올라가는 모든 수험생들, 얼굴들을 보아하니, 마치 도살장에 끌려가는 소의 모습과 비슷했다. 다들 죽도록 공부만 한 탓에 얼굴에 피곤이 가득했고 이 한 번의 시험을 위해 노력한 것이 수포로 돌아갈까 봐 다들 긴장한 표정이 얼굴에 다 나타나고 있었다. 그렇게 그 순간 우리가 지나친 교문은 누군가에게는, 시험에 떨어진 후, 지옥문이 될 것이 확실했다.

다행히 나에게는 장신대 교문이 지옥문으로 변하지 않았다. 평균 2~3년 재수를 해야 들어가는 신대원이지만 나는 영어시험을 잘 본 탓에 평점으로 맞은 성경 시험 점수지만 장신대 신대원에 합격하게 되었다. 2차 합격까지 통보를 받은 후에 장신대 신대원에 입학원서를 넣으러 가는 길. 장신대 교문 가운데 서서 고개를 치켜들고 교문의 모양을 바라보았다. 그리고는 한 발짝 밖으로 나갔다가 한 발짝 안으로 들어가 보았다. 정확하게 50번 정도 한 발짝씩 들어갔다 나왔다를 반복하고 나서 입학원서를 접수하고 학번과 학사 일정이 든 봉투를 받아 들고 다시 내려와 교문에 똑같이 서서 50번 정도를 들어갔다 나왔다 반복했다. 그때 지나가던 사람들이 나를 보면 미친놈이라고 생각했을 것이다. 어떤 미친 사람이 멀쩡한 교문에 들어왔다 나갔다를 반복하며, 씩 하고 웃고 있었으니 말이다.

그렇게 장신대 교문은 합격한 나에게 마냥 천국 문 같이 보였다. 합격하고 첫 강의 참석을 위해 장신대로 들어가는 나에게 교문은 팔을 넓게 벌린 하나님의 품과 같았다. 그리고 들어가면서 생각했다.

"그래, 이제 난 성공한 거야!"

그렇게 한 학기를 다니고 두 학기를 마쳤다. 그리고 견습선교사 제도로 1년을 휴학하고 복학해서 2년을 더 신대원에서 공부했다.

그런데 왜일까? 졸업에 가까워질수록 천국 문으로 보이던 장신대의 교문이 점점 지옥문처럼 변해갔다. 졸업할 때쯤 장신대의 교문이 지옥문 같다고 말했던 그 친구의 말이 문득 생각이 났다. 그래도 졸업할 때까지 이 지옥문 같은 신학 수업을 꾸역꾸역 버티고 다녔다. 스스로 자신을 세뇌시키며 졸업만 하면, 분명 지금보다 훨씬 좋은 일이 생길 거라고 말이다.

'그래, 졸업만 하면 그래도 나에게는 좋은 길이 열릴 거야.'

졸업이라는 것이 성공의 조건처럼 생각됐다. 7개 신학대학교에서 가장 좋은 장로회신학대학교 신학대학원에서 3년을 배운 나에게 앞길은 창창할 거란 생각을 쥐어짜며 버티고 또 버텼다. 뭐가 그렇게 어렵냐고? 신대원 과정은 정말 힘들다. 공부도, 삶도, 여러 가지가.

지금 생각해보면 장신대 교문은 오히려 신대원 입시 실패해서 내려가는 자들에게 천국 문이었는지도 모른다. 유명한 반전 영화처럼 장신대 교문은 오히려 입학해서 3년이란 시간을 허비한 자들에게 내려진 심판이고 그런 자들에게 서서히 지옥문으로 변해간 것이 아닐까? 그래서 그런 것인지 나는 졸업한 후에는 광나루 장신대 근처는 약 5년간 한번도 가본 적도 없고 가보고 싶지도 않았다. 그곳에는 너무 힘들게 살았던 시간들이 다 녹아 있었다.

작년 고등학교 동창 친구 목사 놈에게 연락이 왔다. 이제 한 교회에서 노땅이라 불릴 나이가 된 우리들, 그 친구와 내가 신대원 들어갈 때가 최고 경쟁률을 자랑했기에 그 시기에 입학했다는 자부심이 있는 목사였다. 그 친구가 전화로 가장 먼저 한 말이 이랬다.

"야, 이제 장신대 아무나 들어간 데!"

안부도 묻지 않고 바로 자기 하고 싶은 말부터 냅다 해대는 탓에 어이가 없었지만 바로 친구가 말한 인터넷 홈페이지에 들어가 뉴스 기사를 보았다. 그 뉴스 기사에는 신대원의 경쟁률이 얼마나 하락했는지를 보여주는 통계 기사가 보였다. 나는 전혀 몰랐는데 정원을 몇십 프로를 줄이고도 2배수가 안 된다는 기사였다.

가만히 앉아서 기사를 보다가 친구에게 한숨을 크게 쉬며 되물었다.

"하... 우리... 왜 그렇게 죽어라 공부한 거냐?"

지금 와서 생각해보면 그때 우리는 낭떠러지로 달려가는 물소 떼와 같았다. 왜 달리는지, 우리 앞에 무엇이 기다리고 있는지, 이 길이 옳은 길인지? 물어볼 새도 없이 앞에 달리는 사람보다 뒤처질까 봐 더 빨리 달렸고 뒤에 따라오는 무리들에게 엉덩이가 받쳐가며 생각 없이 그저 달려가고 있었다. 멈추는 길은 단 하나 그 무리에서 떨어져 나와 먼발치에서 우리가 가야 할 목표를 바라보는 것이었다. 그리고 나도 그때는 여느 물소 한 마리에 불과했다. 장신대 신대원을 졸업하고 나온 후에 내가 가야 할 목표가 아니었음에도 그저 남들보다 뒤처질까 욕심에 이끌려 뛰고 또 뛰었다.

내가 제일 좋아하는 말씀은 마태복음 7장 13절과 14절이다. 신대원을 졸업하고 목사가 된 후에도 20번 정도는 다시 연구하고 다시 읽어보고 다시 묵상하는 구절이다.

(마태복음 7장 / 개역개정)
13. 좁은 문으로 들어가라 멸망으로 인도하는 문은 크고 그 길이 넓어 그리로 들어가는 자가 많고 14. 생명으로 인도하는 문은 좁고 길이 협착하여 찾는 자가 적음이라

마태복음 7장 1절부터 12절까지는 기도에 대하여 15절부터는 거짓 선지자에 대한 경고에 대한 내용이 나온다. 그 사이에 이 본문이 끼어 있다. 아마도 내용 면으로 거짓 선지자들에 대

한 내용과 이어진다고 봐야 할 것 같은데 그렇다면 거짓과 참을 가르는 문과 길에 대한 말씀을 예수님은 말하고 있는 것이다. 본문을 자세히 보면 문이 지옥문처럼 생겼다거나 아니면 그 특징을 설명하는 점이 없다. 중요한 것은 문이 크고 그 안의 길이 넓다는 것뿐, 그리고 그 길에 많은 사람들이 들어간다는 것뿐.

이 본문을 볼 때면 언제나 난 신대원 교문을 생각하게 된다. 신대원 교문이 직설적으로 지옥문이라고 말하는 것이 아니니 오해하지 말기를 바란다.

다른 의미로 목회 성공을 바라보며 들어갔던 나에게 전혀 목회적 성공을 가져다주지 못한 것에서 장신대 교문은 나에게 지옥문이었다는 얘기다. 아무튼 이 문에 이렇게 많은 사람들이 드나들었다면 적어도 난 잠시 이 열에서 이탈해서 이 문이 나에게 맞는 것인지 이 길이 옳은 길인지 생각해봐야 했다.

예수님이 가는 길은 언제나 협착한 문으로 들어가는 좁은 길이었다. 아니 그럴까? 지금 우리가 예수님에 대한 기본 전제가 없이 그분을 따른다면 과연 목사들 중에서 누가 따를 수 있을까? 지금이야 의무적으로 답안지를 보고 이야기하는 것처럼 주님의 길을 따른다 말하지만, 과연 우리가 실제로 예수님이 가는 길에 세리 마태처럼 따라가고 그가 통과하는 문을 같이 갈 수 있을까? 예수님이 가는 길에는 사택이 제공 안 되는데? 예수님이 가는 길에는 1-2배수 보너스가 없는데? 예수님과 함께한다고 해서 목회 이력에 플러스가 되지를 않는데? 예수님이랑 함께 그 문을 통과한 순간 담임목사 청빙은 저 멀리 훨훨 날아가 버릴 텐데? 과연 그분을 따를 수 있을까?

장신대 신대원 3학년, 졸업을 앞두고 모두 '전임'이라는 자리를 찾아갈 때 다들 넓은 문에서부터 시작했다. 대형교회에서부터 적어도 서울 내 위치한 교회에서 사역하기를 원했고 그나마 지방에 갈라치면 이력을 생각해서 지방의 대형교회를 우선순위로 이력서를 넣었다. 최소한 사택은 제공해줘야 하고 보너스가 몇 배이면 좋다고 이런저런 희망 사항을 조건으로 내세운 것이 신대원 3학년 아니었나? 우린 그렇게 좁은 문을 최악의 수로 놓고 그 문 만을 가지 않기 위해서 발악을 했고 그나마 넓은 문으로 들어가면 안도의 한숨을 쉬며 졸업을 했다.

솔직히 말하면 장신대 교문은 그저 교문일 뿐이다. 그저 한 대학의 지역을 표시하고 왕래의 편리를 위해 만든 교문 하나가 지옥과 천국을 가를 수는 없다.

중요한 것은 그 문을 바라본 내 마음이 문제였다. 바로 목회의 성공을 원하는 마음 말이다. 6개의 지원 미달이 된 신학대학이 아닌 꼭 장신대로 가야 하는 이유, 몇백 개의 성경 구절을 토씨 하나 안 틀리게 달달 외운 이유, 치질임에도 자정까지 앉아서 공부를 한 이유. 간단한 답이다. 그곳이 목회의 성공을 보장한다고 생각했으니까!

　서울에 있는 괜찮은 교회에서 사역하려면 적어도 장로회신학대학교 신학대학원 출신이어야 했다. 그래야 그나마 서울 안에서 전도사로 목사로 사역할 수 있다. 적어도 몇십만 원 더 받고 사택이 있는 교회, 더 나은 목회 미래를 위해서는 장신대를 선택해야 했다. 지방으로 빠지면 평생 지방 목사가 된다는 우스갯소리가 신대원 기숙사에서 나도는 것처럼, 지방으로 가서 목회하는 것은 관리가 좌천되거나 유배를 떠나는 것이나 마찬가지였다. 그래서 장신대를 선택했다. 좀 더 나은 목회 가능성을 위해. 좀 더 넓고 편한 길을 위해 그 넓고 넓은 문, 사람들이 그렇게 성공을 위해 들어가고자 하는 장신대 문을 두들긴 것이다.

　어쩌면 장신대 교문을 지옥문으로 만든 것은 나 자신이었다. 목회를 하기보다는 성공적인 목회를 바랐고 예수님을 따르기보다는 예수님을 통해 무언가 얻어내기 원했고 조금이라도 잘살고 유명해지고 무언가 목회자로서 족적이라도 남기고자 그렇게 장신대의 교문을 넓고 큰, 그러나 멸망으로 인도하는 문으로 내가 만들었다.

2009년도에 장로회신학대학교 신학대학원 입학 경쟁률이 5:1이었다. 내가 장신대에 합격했을 때가 아마 장신대 최고 경쟁률을 자랑했을 것이다. 그때 장신대 총장이 내가 출석하는 교회에서 역대 최고의 경쟁률이라며 자랑스럽게 설교한 것도 기억이 난다.

그러나 20년도 안 돼서 가장 의미 없는 숫자가 되어버렸다. 지금은 2배수도 안 되는 경쟁률이라고 하니 얼마나 우스운가! 그러나 그때는 모두가 헛된 망상에 사로잡혔다. 마치 서울대 법대에 들어가듯, 하버드 법대에 들어가듯, MIT에 입학하듯, 장로회신학대학교 신대원에 들어가기만 하면 모든 것이 풀리는 듯이 생각했다. 그런데 지금은 더이상 아무도 찾지 않는 곳이 되어버렸다. 마치 라스베가스의 아침 해가 뜨면 황량한 거리로 변하듯 장신대의 5:1이란 경쟁률은 그렇게 100년도 가지 못하고 1:1이라는 초라한 숫자로 변해버렸다.

예수님의 말씀은 진리가 맞았다. 그렇게 대단하게 보이던 교문과 그렇게 미래가 보장될 것 같던 입학증서가 10년도 안 가서 휴지조각일 뿐이었다는 것을 보여준 것이다. 넓은 문에서 멸망까지의 거리는 10년이었다. 그런데 웃픈 것은 내 나이의 사람들, 5:1이라는 경쟁률을 뚫고 이제야 담임이 되어야 하는 나이대에 접어든 시점과 딱 맞아떨어진다는 것이다.

담임이 되어야 할 시기에 자신이 들어온 문이 멸망으로 인도한 문이었다는 것을 깨달았으니 얼마나 어이가 없을까? 아무도 이제는 자랑하지 않는 그저 그런 장신대 신대원을 다니는 사람들은 또 어떤 마음일까?

이리저리 들리는 소문에 목사의 가정에서 자식이 목사를 한다고 하거나 친지 가족 중에 목사를 한다고 하면 우선은 다른 직업을 가지거나 다른 전공을 선택하라고 한다. 아니면 유학을 먼저 가라고 권한다고 한다. 실제로 내가 아는 목사님 아들도 아버지를 따라 목사가 되겠다고 했다가 아버지가 극구 말렸다는 웃지 못할 이야기도 전해 들었다.

목사를, 그리고 목회를 그만두고 살아왔을 때 딱 한 가지 후회하는 것이라고는 내가 좁은 문으로 들어가지 않았다는 것이다. 그리고 멸망으로 인도하는 문을 거쳐 약 10년의 인생을 허비한 것이 너무 후회스럽다.

가끔 누군가 또는 친구 목사들이 목회를 다시 할 생각이 없느냐는 질문을 한다. 학부 선배 목사는 같이 사역하자고 선뜻 초빙을 권하기도 했다. 그때마다 난 거절했다.

그들의 선한 의도를 거부한 것이 아닌 그들이 걷고 있는 크고 넓은 문으로 들어가기를 거부한 것이다. 다시 후회할 짓을 하고 싶지 않기에. 다시는 아까운 나의 시간을 나를 속이며 걷

고 싶지 않기에

　요즘 나는 남들이 보기에 허망한 삶을 살고 있다. 목회를 안 한 지 3년이 다 되어가고 목사로서 이력이 끊어진 지도 오래고 목사로서 어떻게든 성공하려는 노력 따위는 안 한 지 오래다. 누가 보면 미쳤냐고 할 일인데 난 괜찮다. 왜냐하면 난 문을 찾고 있기 때문이다. 좁은 문, 협착한 길, 그런데 찾는 자가 적다고 말한 예수의 그 '적음'의 의미가 그냥 적음이 아닌 것 같다. 좁은 문은 둘째치고 좁은 문을 들어가려는 사람조차 보이지 않는다.

　목사로서, 예수 그리스도의 제자로서, 하나님의 자녀로서, 우리가 자신을 속이며 넓고 편한 길을 가고 있다면 그 속임이 그 길을 언젠간 지옥문으로 멸망 길로 변할 것이다. 성공 가도라 생각하고 걸어온 나의 10년이 멸망의 길이었다면 얼마나 허망할까? 만약 그것을 알고도 많은 사람이 다 가니 그저 따라가다가 멸망인 것을 알았다면 말이다. 누구도 자책할 수 없고 본인 선택이니 얼마나 후회스러울까? 그래서 난 이제라도 그 좁은 길을 찾고자 한다. 끝에 도착했을 때 내가 걸어온 그 길을 보며 후회하고 싶지 않고 끝에 생명만 있다면 내가 걸어온 그 길이 아무리 느리고 험해도 아깝지 않을 것을 알기 때문에 난 지금 간절한 마음으로 하루하루 좁은 문을 찾고 있다.

목사 그만두겠습니다

 2018년 1월 난 목사를 그만두기로 마음먹었다. 기억은 잘 나지 않지만, 3월쯤 선임 목사에게 보고서로 올해 8월에 사임하기를 원한다고 메시지를 남겼다. 원래 계약했던 3년이 되어 가기도 했고(어떤 교회는 들어가면 부임 기간을 정해주는 경우가 있음) 이미 몸과 마음도 지칠 대로 지친 상태라 12월을 다 채우기는 무리였다.

 무한 반복하는 듯한 1년, 1년도 지겨워졌고 결실보단 암흑 같은 미래만 남은 내 상황에 너무 힘들었다. 쉬지 않고 8년 동안 사역한 나에게 남은 것은 "희망 없음" 뿐이었다.

 빽이 없는 나에겐 '희망이 없음'. 정의와 공의보다는 회사처럼 상사의 입맛을 맞추듯 아부를 떨지 못하는 나에게는 '희망이 없음'. 40살이 다 되어가는 나에게 목사로서의 미래는 '희망이 없음'이었다.

 교회 행정이 다 그런가? 사임을 하겠다는데 마치 내가 내년에도 사역을 하는 듯이 교회는 아무 일이 없는 것처럼 흘러갔다. 교구 목사 아랫급은 담임목사와 회의도 못 하니 답답할 노릇이었다. 담임목사에게 직접 물어보면 되지 않느냐? 글쎄, 적어도 내가 다닌 교회에서 선임 목사를 거치지 않고 담임에게 직접 말하면 혼나거나 그러지 말라고 지적을 받았다. 절대라는 말을 할 수는 없지만 쉽게 만날 수 있는 사람도 아니고 만나자고 할 수도 없는 그런 사람이다. 속이 답답한 나는 선임에게 어떻게 돼 가는지 물어봤다. 아무 답도 없었다. 내 눈에는 그저 만나주지 않거나 나를 피해 도망 다니는 것처럼 보였다.

5월이 되자, 비서 간사를 통해 혹시나 내 사임 의사가 회의 때 건의되었는지 물어보았다. 그러자 간사가 말하길

"목사님? 사임하세요?"

비서가 모를 정도면 회의 때 내 사임 건은 나오지도 않았단 것이다. 그러면 안 되지만 비서에게 직접 사임하겠단 의사를 담임목사에게 전달해 달라고 부탁했다. 그리고 그제야 담임목사는 수석 목사에게 사임을 위한 회의(?) 일정을 전달했다.

담임목사와의 단둘의 면담 시간. 정말 하기 싫었지만 정말

하고 싶었던 한마디를 하려고 당회장실로 들었다.

그리고 담임목사와 만난 후 난 이렇게 말했다.

"목사 그만두겠습니다".

아마도 "더러워서 못 해 먹겠습니다!" 라고도 말했던 것 같다. 내가 그렇게 말하고 난 뒤에 담임목사는 놀란 표정으로 뚱하니 나를 몇 초간 바라보았다. 담임목사님도 적잖게 당황한 눈치였다. 대뜸, 교회 사임이 아닌 목사를 그만두겠다고 했으니까 적지 않은 충격을 받았으려나. 아니면 폭탄 하나 설치된 것처럼 큰일이라고 생각했으려나. 모르겠다.

하지만 그때 담임목사의 첫 대답은 아직도 기억난다.

"아니! 교회를 사임하는 거 아니었어? 갑자기 왜 그래?"

지금도 그렇지만 그때 당시 내가 목사를 그만두겠다는 말은 그냥 교회를 나가겠다는 푸념과는 달랐다. 내 손에는 '부목사 사임서'까지 작성하고 담임목사 앞에 내민 상태였으니까.

'부목사 사임서'란 공식적으로 목사 타이틀을 스스로 삭제시킬 수 있는 유일한 교단 헌법 절차 중 하나이다. 그러나 아마도 교단 헌법 제정 이래 내가 제일 먼저 그 법을 사용하지 않았을까 싶다. 그 정도로 난 진심을 다해 목사를 그만두고 싶었다.

왜 목사를 그만두냐고?
얼마나 목사가 되기 위해서 노력했는데 아깝지 않냐고?
어떻게 목사로서 소명을 저버리냐고?
이러한 질문들을 참 많이 들었다.

성도였다가 목사가 된 것은 봤어도 목사였다가 성도가 된 것은 잘 보지 못해서인지 주위에서 왜 목사를 그만두려고 하는지 많이 물어왔다. 심지어 어머니도 식사 자리에서 목사를 그만두겠단 말에 2시간이나 날 설득할 정도였으니 말이다. 그때 소고깃집에서 어머니와 단둘이 금방이라도 식탁을 엎어버릴 것 같이 언성이 오갔는데 지금 생각하면 죄송하기만 하다. 하지만 지금도 목사는 안 하겠다는, 아니 못 해 먹겠다는 생각에는 변함이 없다.

목사를 그만두는 이유에 대한 내 답은 간단했다. 한국교회 목사라는 것이 내게는 맞지 않는다는 것이다. 8년이란 시간 동안 난 맞지 않는 옷을 입고 살았다. 한국교회가 만든 목사의 옷, 한국교회의 목사, 담임목사가 생각하는 목사, 장로가, 권사가, 집사가, 성도가, 세상이 원하는 목사 옷, 난 몇 가지 옷을 겹치고 또 겹쳐 입으며 8년을 지냈는지 모르겠다. 그나마 가까운 지인들에게 내 세포가 목사이기를 거부한다고 자주 말하고 다니기도 했다.

나만 그렇다고 생각하고 싶지만, 혹시나 아직 목사에 대한 로망이나 큰 이상을 가진 사람들에게 알려주고 싶다. 한국교회에서 목사란 여러분이 생각하는 그런 직분이 아니라고. 성경에서 나온 사도나 바울의 모습을 상상하였거나 역사책에서 나온 아름다운 목사의 모습을 보았다면 단단히 착각했다고 말해주고 싶다.

한때는 목사였던 내가 보장하건대 내가 경험한 목사는 종교기업에서 근무하는 노동자? 아니면 근로자? 라고 봐야 한다. 너무 어렵게 말하는 건가? 쉽게 말해서 세상의 직업이나 근무환경과 같다. 불러주기를 목사라고 할 뿐 세상에서 정규직 직원으로 다니는 사람들과 하등 다를 바 없다.

한 가지 다른 게 있다면 세상 직업이 2021년에 머물고 있다면 아직 한국교회는 1970~80년도에 머물고 있다고 하면 딱 맞는 비교일 것 같다. 출퇴근이 정해지지 않고 근로계약서도 없으며 퇴직금이나 교역자의 복지가 전혀 없으니 말이다.

내가 목사의 옷을 입는 순간, 목사의 성의가 내 몸에 걸쳐지는 순간. 아마도 난 그 순간부터 느끼고 있었다. 목사는 하나님이 주신 직분이 아닌 인간이 만들어낸 직분이라는 것을. 목사의 옷은 다른 사람이 보기에 성스러울지 몰라도 나에겐 전혀 성스럽지 않았다. 누구나 얻을 수 있는 옷이었다.

규칙대로 정해진 기준대로 시간이 지나면 받을 수 있는 그런 제도의 한 결과물이었다. 목사가 되기 위해 보았던 목사고시에서는 언제나 문제가 유출된다는 사실도 알았다. 노회에서 목사면접을 볼 때도 목사 아들과 평민과의 기준이 다르다는 것도 알았다. 면접에 답해야 할 예상 답안지는 이미 정해져 있었고 목회자 후보생들은 외운 것을 읊기만 해야 했다.

나에게 목사의 옷은 -'척'의 의무를 말하고 있었다. 무슨 척이냐고? 바로 행복한 척, 기쁜 척, 기도 응답을 받는 척, 언제나 감사한 척, 언제나 긍정적인 척, 언제나 믿음을 가진 척, 언제나 교회에 충성하는 척, 언제나 담임목사님을 훌륭하다고 생각하는 척!

하지만 나는 인간이다. 목사이기 이전에 그냥 인간. 나도 화날 때가 있고 나도 감사하지 않을 때가 있고 나도 불순종하고 싶고 담임목사에게 큰소리로 "너 그렇게 살지마!"라고 외치고 싶을 때가 한두 번이 아니었다. 나도 새벽예배 안 가고 꿀잠 자고 싶고 나도 하루 종일 핸드폰 게임하면서 하루를 보내고 싶은 인간이다. 나도 죄를 짓고 싶고 심지어 난 내가 죄를 짓는 것도 알기도 한다.

그런데 목사의 옷을 입는 순간, 난 인간이길 포기하고 나를 바라보는 사람들이 원하는 목사가 되어야만 했다. 그런 나의 모습이 너무 역겨웠다. 또 그런 다른 목사들의 모습을 볼 때도 구역질이 났다. 그래서 더는 그 옷을 입을 수 없었다.

"더는 못 해 먹겠습니다.
제가 부목사 사임서를 당회에서 제출하겠습니다."

저 문장 이후로, 담임목사와 짧은 대화가 이어졌다. 결론적으로 서류상 목사로 남기로 했다. 2018년 9월에 사임하기로 했고 그렇게 송하용은 목사에서 자칭 일반인이 될 예정이었다. 사임하기로 하고 그 주 월요일에 친구 목사들과 만나 이런저런 푸념을 늘어놓았다.

그때 한 친구 목사가 날 이렇게 놀렸다.

'아사셀'
송하용

일반인, 송하용

 아니 그냥 송하용도 아닌 아사셀 송하용이라니... 하긴 아사셀이라는 비유가 적절하긴 했다. 모든 죄를 대신 받고 진영 밖으로 쫓겨나 죽기만을 기다리는 염소의 모습과 비슷하니 말이다. 교회란 울타리를 넘어가는 목사. 아니 아사셀 송하용. 아사셀 송하용. 하 참..

기적도 담임목사 결재 맡아야 합니까?

 내가 목사가 아닌 일반인으로 살아가려 한 큰 이유가 몇 가지 있는데 그중 하나를 이야기하고 싶다. 참고로 난 어려서부터 목사가 되고자 했고 대한민국 개신교 교파에서는 가장 큰 대한예수교장로회 통합측 소속 목사가 되었다.

 장로교는 굉장히 보수적이라 기적이나 성령의 은사와 같은 행위보다는 말씀과 신학에 중심을 두는 교단이다. 나도 그 아래에서 자라고 목사까지 되어서 그런 경향이 없지는 않지만 그래도 기적과 성령의 은사가 아예 없다거나 더이상 일어나지 않는다고 생각하진 않는다.

 내가 교역자로서 살아온 약 10년의 기간에도 기적을 눈앞에서 직접 본 적은 없었지만 그래도 나는 기적을 위해 기도하고 간구했다. 그런데 그런 기적도 결재를 맡아야 한다는 말을 처음 들었다.

 내가 처음 OO교회에 부임하자마자 얼마 안 있어 내가 맡은 부서 성도 한 명이 백혈병으로 입원하게 되었다. 백혈병은 흔히들 한 가지 병으로 알지만, 혈액에 생기는 암으로 일반 암보다 치료하기 어렵고 약물로만 치료가 가능하기 때문에 치료과정도 힘들거나 불가능한 경우가 많다. 그리고 종류도 그 증상에 따라 다양해서 지금도 이 백혈병은 다른 암보다 완치가 어려운 암 중에 하나다. 그래도 암에는 경도가 있어 얼마나 중한지에 따라 완치율이 다르기 때문에 내심 기대를 했지만, 의사는 4개월 시한부 선고를 했다고 한다.

어떤 병이든 그렇지만 아파보면 참 힘들다. 혼자 겪고 혼자 아파야 한다. 온통 흰색의 벽과 흰색 옷만 입고 지내면 내가 정신병원에 있는지 그냥 병원에 있는지 분간하기도 힘들다. 투병생활 중에 또 가장 힘든 것은 옆에서 간병해주는 가족이다. 그나마 가족이 있어 버틴다고 하지만 병원에서 가족도 하루 종일, 아니 한 달 내내 지내다 보면 몸과 마음이 지쳐 가긴 마찬가지다.

그럴 때 가장 힘이 되는 것이 그저 누군가 나와 같이 있는 것이다. 아파보면 안다. 병원에서 누워있을 때, 별말 없이도 그저 교인들이 찾아와 기도만 해주고 갈 때 그 안도감이란 표현할 수 없다. 나만 이런 막막한 기적을 원하는 것이 아니라 다른 누군가도 함께 기적을 위해 기도한다는 것만으로도 힘이 된다.

비록 그 기적이 일어나지 않는다고 해도 말이다.

나도 같은 백혈병 병력이 있던 터라 남 같지 않아서 더 그 부서원을 위해 기적을 간구했다. 의사는 사실과 최악의 가능성을 말하기 때문에, 기적은 오직 교회에서만 가능한 단어였다. 생각해보자, 말기 암 환자에게 갑자기 '다음 달에 싹 낫는 기적이 있을 것입니다.'라고 의사가 말하면 고소를 당하거나 의사 자리에서 쫓겨날 것이다. 의사가 가진 의학적 지식으로는 기적이 아닌 사실이나 그동안 암 환자가 보여준 통계 자료를 통해 말해야 하기 때문이다.

하지만 교회는 기적이 일어나기 위해 기도한다. 누가 이 문장에 토를 달까? 누가 감히 이 구절이 성경적인지 찾아보려 할까? 누가 감히 살고자 하는 사람이 원하는 기도를, 그리고 기적을 막을 교회가 있을까? 말도 안 되는 이야기이다. 마땅히 교회라면 불가능을 가능하게 하는 하나님의 기적을 기도할 것이다. 다른 누가 말도 안 되는 이야기라고 할지라도 교회라면, 하나님이라면 말이 된다고 강하게 말해야 한다.

그렇게 OO 성도를 위해 부서에서 부서원들과 기적을 기도하기로 했다. 부서 주보에 올리고 가장 앞에 배치해 기도하기로 했다. 교회 주보에도 올리기 위해 주보를 담당하는 간사에게 부탁하기도 했다. 몇천 명 성도 중 한 명이라 아무도 모를지라도 몇 명이라도 OO을 위해 기도해 주길 바라며 조그마한 꺼져가는 불씨라도 잡고 싶은 심정으로 그렇게 기적을 위한 기도를 요청했다.

몇 달이 지났을까? 주일 아침에 예배를 드리는데 교회 주보에 OO 성도의 완치를 위한 기도 제목이 사라진 것을 보았다. 실수인가 생각했지만 무언가 께름칙했다. 주보를 맡은 직원의 실수라 생각했지만 몇 주간 기도 제목이 누락된 것을 보고 이건 실수가 아니라 생각했다. 다시 주보에 넣어 달라고 아예 얼굴을 보고 말하려고 하던 찰나 길에서 한 권사님을 만났다. 그 권사는 내가 믿기 어려운 이야기를 나에게 해줬다.

"목사님, OO의 완치를 위한 기도 제목은 이제 아마 주보에 안 넣어줄 거예요."

이게 무슨 개소리인가?
내가 내 귀로 들었지만, 전혀 믿지 못했다.
그때 그 권사님이 나에게 왜 그런지 설명을 해주셨다.

"이번 주에 권사대회에서 담임목사님이 OO은 하나님이 데려가시기로 했으니 더이상 살려달라 기도하지 말고 보내주기로 하자고 말씀하셨어요"

  개소리가 맞았다. 아니 개도 아마 저런 소리는 안 할 것이다. 눈이 시퍼렇게 살아서 지푸라기 잡는 심정으로 기적을 위해 하루하루 항암치료를 이겨내는 사람에게 할 말은 아니었다. 어차피 죽을 것이니 기도하지 말자? 난 너무 화가 났다. 그래도 말은 해보러 간다고 그 권사와 헤어진 후에 교회 본당 사무실로 향했다. 주보에 그 한 줄 넣는 게 뭐가 그리 어려운 것일까?

  본당에 닿기도 전에 OO 성도의 교구 목사가 나를 불렀다. 교구 목사는 OO 성도의 치유를 위한 기도를 주보에 넣지는 못한다고 했다. 담임목사가 권사대회 때 한 이야기 때문이냐며 되물었지만, 대답은 회피한 채 교회 결정에 따르라는 말만 되풀이할 뿐이었다. 그때 내가 그 교구 목사에게 이렇게 말했다.

"기적도 담임목사 결재 맡아야 합니까?"

  그래도 병원에 입원하면 그때는 환우기도 제목에 넣어준다는 말 같지도 않은 말을 들은 채로 다시 내 사무실로 되돌아왔다.

"교회 결정에 따르라고? 씨발 지랄하고 있네."

    원래 교회에서 눈치가 있는 목사라면 이 순간 당연히 자기 부서에서도 이와 관련된 기도 제목을 지워야 한다. 그런데 난 그렇게 하지 않았다. 주보 맨 위에 그리고 그 기도 제목을 더 굵게 만들었고 언제나 교회 소식을 전할 때마다 OO 성도의 완치를 위한 기도를 부서원들에게 부탁했다. 그럴 때마다 부서원들은 왜 교회 주보에는 빠져있냐는 질문을 했지만 차마 내 입으로 이유를 말할 수는 없었다.

    그렇게 한주 한 주 예배를 마칠 때마다 내 안에는 허무함이 몰려왔다. 마치 내가 다시 항암 투병을 하는 듯했다. 마치 내가 교회에서 버림받은 듯했다.

    그 성도가 암 진단을 받았을 때 4개월 시한부 선고를 받았다. 그래서 그랬는지 모르지만 아마도 교회는 4개월 안에 죽기를 바랐는지도 모르겠다. 그리고 아쉽게도 OO 성도는 1년을 넘게 버텼다. 병원에서는 1년을 버틴 게 기적이라고 했다. 그리고 몇몇 순간은 골수 이식이라는 희망이 생길 여건도 생겼다. 4개월 이후부터는 하루하루가 기적이었을 것이다. 골수 이식을 준비하는 그 순간 교구 목사에게 다시 가서 건의했지만, 그 목사에게 똑같은 말 같지도 않은 대답만 돌아왔다.

"아.... 담임목사님께서.... 아....하.... 참..."

난 교회가 OO 성도의 치유를 위한 기도 제목을 주보에서 삭제시킨 이후로 병문안을 거의 가지 않았다. 부서원들도 찾아가 보지 않으시냐고 핀잔을 주었지만, 양심에 찔려 가지 못했다.

내가 너무 못나서, 나같이 못난 목사를 만난 OO 성도에게 너무 미안해서 차마 찾아가지 못했다. 속으로 내 아버지가 큰 교회 담임목사면, 내 아버지가 큰 사업가였으면 상황이 달랐을 거라 생각하며 나 자신을 자책했다. 주보에 한글 몇 자도 못 적어 넣는 무능한 목사인 것이 너무 한심스러워 찾아가 보지 못했다.

그렇게 1년 교회에서 OO 성도를 위한 기도 제목이 사라진 후, 교회는 OO 성도가 누구인지도 몰랐고 행복하게 지냈다. 심지어 OO 성도가 속한 교구 목사와 나 빼고는 아무도 병문안을 가지도 않았다. 담임목사가 기도를 그만두자고 개소리를 한 이후로 기도뿐 아니라 존재 자체가 잊힌 듯했다. OO 성도의 존재는 교회엔 그저 걸리적거리는 모래와도 같았다. 그래도 간간이

OO 성도의 완치를 위한 행사를 본당 주변에서 하는 것으로 조그마한 발악을 해보았지만, 부서와 나만 미운털이 박힐 뿐이었다.

그렇게 모두에게 잊힐 즘, OO 성도가 속한 교구 목사가 주일예배 후에 나를 만나 이렇게 말했다.

"송 목사, OO 성도한테 가 봤어? 가봐야 할 것 같은데?"

"왜요?"

"왜라니? 송 목사! 그러면 안 되지.
OO 성도가 오늘내일하는데"

"내가 방금 보고 왔는데
아마 오늘을 못 넘기지 않을까 싶어"

가야 하나 싶었지만, 부서원들 중 몇 분이 이미 가기로 해서 자신들이 가서 보겠다고 해서 난 가지 않기로 했다. 사실은 피하고 싶었다. 나는 너무 부끄러웠다. 양심상 그런 얼굴을 비추는 것이 싫었다. 다행히 갔다 온 부서원들은 걱정하지 마시라고, OO 성도는 건강하다는 소식을 전해왔다.

그다음 월요일, 목사에겐 유일한 휴일이라 오랜만에 아내와 분식집에서 식사를 같이하기로 했다. 그런데 아침부터 이상하게 뒷골이 서늘하고 마음이 안절부절 이상했다. 불안했지만 예정대로 잡힌 아내와 데이트를 하기로 하고 분식집에 도착했다. 아직도 기억나는 게 내가 시킨 건 왕돈가스. 주문하고 음식이 나오기도 전에 갑자기 OO 병원으로 가야 한다는 충동이 들었다. 자리를 박차고 가 봐야겠다는 말을 아내에게 했다. 아내는 꼭 가야 하냐며 괜찮다고 하지 않았냐고 핀잔을 주었다. 하지만 그저 다른 어떤 이유보다 병원을 가야 할 것 같았다.

주차를 아무렇게나 하고 달려가 해당 층을 누르고 병원 호실로 뛰어가는 나를 보며 간호사들이 아무런 말도 하지 않고 고개를 애처롭게 끄덕이기만 했다. 마치 드라마나 영화에 누군가의 임종을 보러 뛰어가는 장면처럼 말이다.

호실에 들어가자 숨을 제대로 쉬지 못하고 마지막 생을 부여잡으려는 OO 성도가 보였다. 처음 임종을 본 충격을 뒤로 하고, OO 성도의 손을 잡자마자 깊은숨을 내뱉은 뒤에 OO 성도는 하나님의 곁으로 떠나갔다.

먼저 부서원들에게 전화했다. 그리고 교구 목사에게 전화했다. 교구 목사는 일 때문에 멀리 왔다는 카톡만 남긴 채 임종

예배와 장례예배는 교구 목사가 해야 하니까 그전에 간이(?) 예배라도 내가 인도하라는 말만 남겼다. 그렇게 나도 제정신이 아닌 채로 집에서 옷을 정장으로 갈아입고 다시 병원으로 향했다. 그렇게 교구 목사가 오기까지 간이예배를 드렸다. 그리고 누군가로부터 교구 목사는 종로에 '담임목사가 되기 위한 세미나'에 참석 중이었다는 것을 전해 들었다.

임종 순간에 자기 목회를 위해 세미나를 끝까지 듣고 다닌 게 들통이나 부끄러웠는지 교구 목사는 OO 성도의 장례식 3일 내내 나를 데리고 다녔다. 3일 내내 온갖 생각이 나를 사로잡았다. 내 죽음도 아니었는데 배신감이 몰려왔다. 그래도 교회를 향한 마지막 정을 놓지 않으려 발악을 하고 있었다.

삼일장이 끝나고 이제 발인을 해야 할 시기. 담임목사가 집례한다는 말에 부목사들이 다 참석했다. 난 OO 성도의 관과 가장 먼 거리에 서 있었다. 내가 가장 부끄러운 놈이라 생각해서 그랬다.

장지에 내가 가야 한다는 OO 교구 목사 말에 유족과 함께 장례 버스 문 옆에 서서 마치 유족의 가족이 된 마냥 서 있었다. 담임목사부터 차례차례 유족 앞에서 인사하며 위로의 말을 전했다.

"기도 많이 했습니다."
"교회가 많이 기도했습니다."
"우리 교구도 기도했어요."
"교회가 언제나 함께했습니다."
"하나님이 함께 하실 겁니다."

교회 주보에서 고인의 이름을 지운 사람들의 입에서 나온 말을 들으며 난 속으로 생각했다. 목사란 '죽음을 가지고 노는 자들이다'라고. '죽음 앞에서 연기를 해야 하는 직업'이라고!
그때 난 목사를 그만두기로 마음먹었다. 내가 앞으로 해야 할 목사가 이런 것이라면 지금, 이 순간 그만두기로 마음먹었다.

야이로의 딸 죽음에 가짜로 울고 떠드는 무리의 이야기가 마가복음 5장에 나온다.

(마가복음 5장 / 개역개정)
38. 회당장의 집에 함께 가사 떠드는 것과 사람들이 울며 심히 통곡함을 보시고 39. 들어가서 그들에게 이르시되 너희가 어찌하여 떠들며 우느냐 이 아이가 죽은 것이 아니라 잔다 하시

니 40. 그들이 비웃더라 예수께서 그들을 다 내보내신 후에 아이의 부모와 또 자기와 함께 한 자들을 데리시고 아이 있는 곳에 들어가사

흔히들 이런 사람들은 장례식장을 돌아다니며 같이 울어주고 통곡해주는 것을 직업으로 하는 사람들이다. 야이로 집에 이런 사람들이 모인 것은 딸이 죽을 것이 확실해졌기 때문일 것이다.

회당장의 집이라면 이런 사람들은 반드시 가야 할 최고의 명당이었을 것이다. 높은 사람의 딸의 죽음 앞에 잘만 울어주고 연기하면 수당이 높게 나올 것은 분명하기 때문이다. 딸의 죽음에 울고 통곡하고 마치 그 딸을 잘 아는 것처럼 주저리주저리 떠드는 사람들. 그런 사람들에게 가장 싫어하는 존재는 예수님이다.

예수님은 아이가 잔다고 했다. 아이가 살아있는데 왜 너희들이 작업을 시작했냐고 하자 40절에 무서운 표현이 나온다. 그들이 '비웃더라'. 독일어로 이 말은 페어라크텐 (verlachten)이라는 동사로 사용하는데 상대방을 비하하며 웃는 모습일 때 사용한다. 즉, 자신들이 사람 죽는 자리에 많이 다녀봤는데 당신이 뭘 알고 이야기하냐는 것이다. 그들로서는 딸이 살아있

다는 말은 환호하고 기뻐할 일이 아니고 조소를 보낼 일이라는 것이다. 어쩌면 그 비웃음은 딸이 살면 돈을 못 받으니 딸은 죽어야만 한다는 반증이 아닐까?

목사들이 인간의 죽음에 대한 참 의미를 깨닫는 것을 버리고 죽음을 자신의 성공 수단으로 생각하는 경우가 많다. 인간의 죽음을 성공과 이익의 잣대로 재는 모습이 마가복음에 나오는 울고 슬퍼하는 것을 업으로 사는 자들과 무엇이 다를까? 과연 유명한 사람의 장례에 내가 돋보일 때 부활을 주러 온 예수님에게 비웃음을 내비칠 사람이 이제 우리 목사들이 아닐까?

사실 보면 인간의 죽음도 교회에서는 가치가 다르다. 세상에서 높고 유명한 사람이 죽으면 관계없는 목사들이 참석한다. 그러나 아무런 이름도 모르는 성도의 죽음에는 담당 교구 목사만 참석하면 그나마 다행이다.

장로가 죽으면 교역자들이 총출동하지만, 일개 성도 한 명의 죽음에는 지구 반대편에서 일어나는 일인 양 지나간다. 어느새 교회에서 목사란 직업은 마가복음에서 나온 죽음 앞에서 통곡하며 돈을 받는 자들처럼 되어버렸다.

생명을 위해 기도하고 그것을 위해 온 예수님에게 비소를 날리는 것이 목사인 것 같아 때론 소름이 끼친다. 어느 한 생명이라도 죽음에 높고 낮음을 두지 않고 진실하게 울어줄 사람이 되어야 한다면 목사로 살기 힘들 것이다.

그래서 그날 OO 성도를 땅에 묻고 그 아이에게 다짐했다.

목사를 그만두기로.

성경을 담임목사 양념장에
찍는 게 설교라면?

어느 날 수요예배를 돌아가면서 시킨다는 공지가 내려왔다. 어느 교회나 그렇지만 부목사가 공예배에 설교하는 일이 많지 않다. 담임목사가 휴가 중이거나 아니면 너무 안 시키면 그러니깐 부목사를 가끔 설교하게 한다. 그리고 그나마 가끔 있는 그 자리는 부목사 설교 평가가 되어 많은 말을 듣는다.

그래서 그런지 어느 설교이든 부목사들에게 속 시원히 설교할 환경은 주어지지 않는다. 그렇게 이번 설교도 1년에 한 번 돌아오는 수요예배 설교였다. 몇몇은 1년에 한 두 번 있는 기회라 책잡히지 않으려 하고, 몇몇은 이번 설교로 승진해보려고 준비한다.

그런데 설교를 준비할 때 성도들은 모르는 목사들이 신경 쓰는 몇 부분이 있다. 난 이것을 불문율이라고 부른다. 사소한 차이가 있지만 대부분 교회 목사들은 어느 정도 받아들이는 율법이다.

이해를 돕기 위해 한국교회 불문율에 대해서 설명을 좀 하자면 한국교회에서 설교를 할 때 지켜야 할 몇 가지 불문율이 있다.

첫째, 부목사는 담임목사보다 설교를 잘해서는 안 된다. 둘째, 담임목사의 설교를 언제나 인용해야 한다. 세 번째, 담임목사의 설교의 오류를 지적하거나 그 오류를 수정하면 안 된다. 혹시나 이 불문율을 못 믿겠으면 직접 목사들에게 물어보거나 당사자가 직접 해보면 알 수 있을 것이다.

그런데 야구에서 배트 플립이나 8점 차 이상에서 도루를 하면 보복 구를 맞듯이 교회에서도 설교에 대해서 불문율을 어기면 보복을 당하게 된다. 불문율이 비공식적인 인간의 법이듯 보복도 비공식적으로 날아오게 된다.

많은 사역자들이 그렇겠지만 나 역시도 언제나 기본을 지키며 설교하고자 했다. 내가 설교를 잘 하거나 설교에 은사가 있다는 말은 아니지만 적어도 신학교에서 배운 대로 그리고 설교학에서 정의한 대로 하려고 노력했다. 무엇보다 설교에서 인간의 것을 지우려 많은 노력을 했다.

전에 사역하던 교회에서 3년을 사역했으니 세 번 정도 공예배에 설교할 기회가 있었다. 그 세 번 설교 중 두 번째 설교를 마치고 어느 교구목사가 잠시 이야기를 하자며 나를 으슥한 데로 데려가 이야기를 나눴다.

그리고 나에게 이렇게 경고했다.

"송 목사, 설교를 참 잘 하는 건 좋은데,
담임목사님보다 잘 하려고 하면 안 돼."

이 대화에 내가 화가 많이 난 것이 얼굴에 보였는지 이 목사는 너무 설교를 잘해서 한 말이라고 얼버무리며 대화를 마쳤다. 여기서 하는 말이지만 난 설교에 좀 진심인 편이다. 이제 목사가 아니니 '편이었다'가 맞는 표현이겠다.

입시 때부터 예수만나 바이블센터에 들어가서 성경의 원리부터 배웠다. 입시 위주로 배우면 3달하고도 붙었을 신대원을 장장 10개월간 성경에 대해서 파고 파고 또 팠다. 그래서 성경에 대해서 문외한이었던 내가 성경의 깊은 샘을 맛보고 성경이란 마약에 중독되었다. 지금은 어디에 쓸데 있겠냐마는 그때 배운 기초를 토대로 성경을 시간 나는 대로 연구하는 중이다.

내가 생각하는 설교란 성경에서 깨달은 교훈을 그대로 전하는 것이다. 또 그렇게 해야 한다고 배웠다. 만약 담임목사의 설교가 A라 하더라도 B가 옳다면 난 당당히 B를 설교해야 한다고 생각했다. 아니 나는 그렇게 할 수 있었다. 또 굳이 담임목사가 정한 기류에 따라 설교를 하고자 하지도 않았다. 같은 본문을 설교하더라도 난 본문이 말하는 교훈만을 전하는 것을 목적으로 삼았다. 예수님이 가짜라는 헛소리하는 것이 아니라면 단에서 30분은 나에게 당당하지 않을 이유가 없었다. 누군가의 눈치나 누군가의 의견을 따라가는 것이 아닌 하나님의 말씀만을 전하면 되니까 그러지 않을 이유가 없었다.

설교는 사람이 아닌 말씀에 의해 시작해야 한다고 생각한다. 그래서 8년간 그렇게 설교를 해왔다. 이래저래 한국교회에서의 설교 불문율이 있다는 것은 인지했지만 하나님의 말씀을 바르게 전하는 것보다는 중요해 보이지 않았다. 그것은 마지막으로 사역한 교회에서도 다르지 않았다.

교회는 달랐지만 한국교회 안의 문화는 거의 같았다. 교회의 설교도 담임목사가 원하는 방향과 담임목사가 한 설교에 대한 칭찬과 담임목사가 한 설교에 자기 주석 달기식이었다. 교회 행정에 타협은 있어도 설교를 하는 것에 타협할 수는 없었다. 적어도 목사라면 그렇게 해야 한다고 생각했다.

어느 설교이든, 무슨 예배에서든 설교는 본문이 말하는 그대로를 전하고자 했다. 그리고 마지막으로 설교한 수요예배 설교도 그랬다. 다를 것 없던 설교. 그저 본문을 연구하고 내가 깨달은 것을 토대로 짠 설교였다. 예화도 내 경험을 토대로 사용했고 설교 제목도 본문에서 가져왔고 설교 내용도 본문 내용에서 가져왔다. 어디에도 내 사족은 없었고 그렇다고 담임목사의 흔적이 내 설교에 있는 것도 아니었다. 이 설교 후에 교회를 사임하겠다는 의사도 전달할 참이어서 정말로 본문 100%를 전한 설교이기도 했다.

그래도 그해 사임을 8월에 했으니 남은 새벽 설교 외에 금요 철야 설교도 했었다. 물론 하고 싶지는 않았다.

그런데 주일 조회 시간에 다음 주간 설교 담당자를 알려주는데 내 설교 순서가 특정한 목사에게 다 몰려갔음을 알게 되었다. 그것도 내 의사로 그렇게 되었다고 수석 목사가 공지했다. 순간 의도가 있어 보였지만 어차피 하고 싶지 않아서 고개를 끄덕이며 넘어갔다. 그 조례 이후로 본당에서 드려지는 예배에는 단 한 번도 순서가 돌아오지 않았다.

목사를 때려치운다고 결정한 마당에 우습지도 않은 사건에 신경 쓰기 싫어 남은 사역 기간에 내 마음 가운데 남은 정마저 떼 내고 있을 때 누구라고 말할 수 없지만 누가 나에게 왜 설교 순서에서 빠졌는지 자초지종을 알려주었다. 누구인지 말할 수 없지만 그래도 내부를 잘 아는 사람이라 근거 있게 말해주었다.

"목사님이 설교를 너무 잘해서 그 한 주간 장난 아니었어요. 조회 수가 장난 아니었거든요!"

그 관계자는 다른 건 괜찮은데 비선 실세였던 부목사의 최근 수요예배 설교보다 4배는 높게 나와서 해코지를 당한 것 같다고 귀띔해주었다.

아무튼 담임목사든 부목사든 내가 내 윗사람보다 설교를 잘하면 안 된다는 불문율을 어긴 결과였다. 솔직히 난 지금도 그 설교가 잘했는지 잘 모르겠다. 그리고 특이하게 남은 기간 동안 어느 특정한 부목사에게 내 설교 순서가 다 배정되었다.

푸념 식으로 다른 교회에서 사역하는 후배와 친구 목사하고 모여서 월요일 저녁 곱창집에서 식사를 했을 때이다. 친구 목사가 나에게 크게 질책하며 혼을 냈다. 불문율을 어겼다는 이유에서였다.

"야! 설교란 하나님의 말씀을 담임목사님 양념장에 담그는 게 설교야, 인마!"

내 인생에 들어본 몇 안 되는 개소리였다. 그래도 한국교회 살려보겠다고 고등학교 때부터 기도하고 교회에 출석하고 목사까지 된 친구 놈에 입에서 이제는 어엿한 한국교회의 부목사 소리가 마흔 살도 안 돼서 그런 더러운 말을 흘러내는 걸 보니 참 찹찹했다. 친구 목사가 보기에도 담임목사 양념장에 내 설교를 콕 찍지 않은 게 큰 잘못으로 보였나 보다.

그렇게 찝찝한 마음으로 집에 돌아왔다. 서울에서 집까지 꽤나 먼 거리여서 천천히 가면 2시간 정도 걸렸다. 2시간 동안 지하철 안에서 이런저런 생각을 했다.

그리고 속으로 기도했다. 아니 기도라기보다 그냥 물어보고 싶었다.

"뭘 믿고 그렇게 당당하게 설교하셨어요?"

2천 년 전 하나님의 말씀을 바르게 전하는 데에 그렇게 당당했던 예수님에게 던진 내 질문이었다. 뭘 믿고 그렇게 당당했는지 궁금했다.

하나님의 아들이어서? 스스로 자신이 하나님인 걸 알아서? 아니면 그냥 십자가에서 죽으면 천국 가니까 좀만 참으면 돼서? 난 2시간 동안 쏟아붙이듯 공격적으로 물었다. 그리고 비아냥대었다.

"당신은 결혼도 안 하고 애도 없으니까!"
"당신은 어차피 30살에 십자가에 죽으면 다 끝나니까!"
"당신은 신이라 뭐든지 할 수 있으니까!"
"그러니 당당했겠지."

차라리 정부가 와서 핍박하거나 빨갱이가 와서 날 구타하거나 무슬림이 와서 고소를 하면 좀 낫겠지만 날 힘들게 하는 사람들은 나와 같은 목사들이었다.

8개월 동안 내 부서에서 하는 설교 말고는 본당에서 드려지는 내 설교가 없었다. 어차피 미련도 없어서 그저 편하게 지내는 내가 아니꼬웠는지 내 순서를 다 가져간 목사가 나에게 이렇게 놀리듯 영남 사투리로 말했다.

"어이구! 송 목사, 설교 안 하니까 편해 보이네!"

나도 뼈 있는 농담으로 받아쳤다.

"OO 목사가 내 것 다 해주니까 편하네"

그러자 그 목사는 나에게 이렇게 대답했다.

"그러니까 눈치 있게 했어야지!"

정도보다는 눈치가 있어야 하는 설교.

어쩌면 이제는 하지 않아도 돼서
이렇게 자유로운 지도 모르겠다.

적어도
사람이 의리는 있어야지

교역자 조회 시간은 언제나 볼거리가 많이 생겼다. 매일 반전이 있다고 해야 할까? OO 교회에서 3년을 계약하고 부목사로 근무하는 기간 내내 스펙터클의 연속이었다. 특별히 교역자가 사임하는 경우가 그러했다.

그날은 주일 아침 모임이었다. 당일 아침에 OO 전도사가 갑자기 잘렸다는 얼토당토않은 소식을 들었다. 당일에 잘린 걸 알려주다니 말도 안 된다고 생각했다. 어느 누구도 이유를 몰랐다.

당연하지! 사임하는 이유를 당사자도 몰랐고 잘랐던 담임목사마저 제대로 된 이유를 어느 누구에게도 설명하지 않았으니까. 그렇게 OO 전도사가 오기 전까지 다른 교역자들끼리 웅성웅성 대며 OO 전도사가 잘린 이유에 대해서 이리저리 추측만 난무했다.

어느 누구도 그 자리에서 왜 사임했는지 묻지 않았다. 혹시 자기도 해코지를 당할까 봐서였을까? 흔히들 자기가 스스로 교회를 안 나가면 저렇게 강제로 나가게 된다고 하던데 내 눈으로 보니 참으로 어이가 없었다. 난 눈치가 없어서 남들 들리게 옆에 있던 목사에게 사임의 이유를 물어봤다.

"OO 전도사는 왜 잘린 거래요?"

그러자 내 허벅지를 꼬집으며 손가락을 자기 입에 갔다 대며 쥐가 기어가는 목소리로 나에게 말했다.

"조용히 해. 목사님도 잘리기 싫으면.
이럴 때는 가만히 있는 거야!"

그렇게 사임을 당한 당사자가 조례하는 장소로 들어왔고 그렇게 주일 조회는 시작되었다. 평소와 다를 게 없었지만 OO 전도사가 사임한다는 새로운 소식만 빼고 평상시와 비슷한 하루였다. 그렇게 아무렇지 않게 모두가 괜찮은 것처럼 자리에서 일어나서 주일 준비를 시작했다. 다들 각자 사무실로 흩어져서 해야 할 일을 마지막으로 챙겨보고 있었다. 누군가에게는 평소와 같은 재미없는 주일이었겠지만 누군가에게는 지옥 같은 주일이었을 것이다.

자신이 사임하지도 않았는데 당일에 와서 자신이 사임한다는 공지를 들은 적이 이번이 처음이 아니었다. 전에는 청년부 사역자가 느닷없이 교회에서 사라지더니 그냥 사임했다는 공지만 교회 주보에 나올 뿐이었다. 물론 그 교역자가 잘하고 못했고 간에 직장에서 끝맺음이 정도를 걷지 않으면 아무리 결정이 합리적이라도 질타를 받기 마련인데 교회에서 대부분 교역자의 마지막은 그렇게 아름답지 못했다.

얼마나 어이가 없었을까? 세상에서도 누군가를 자를 때는 3개월 전에 공지를 주는 것이 법인데 교회란 것에는 세상 법이 적용되지 않으니 담임목사가 법이란 걸까? 아니면 성경에 그렇게 하라고 나와 있는 것이기라도 한 것일까?

그때 내가 본 아침 교역자 회의는 내가 겪은 조회 중 최악이었다. 그런데 내가 더 최악이라고 생각한 것은 따로 있었다. 바로 의리 문제였다.

난 솔직히 지금도 그 전도사가 왜 잘렸는지 자세한 내막은 모른다. 그래도 사람이 잘리는 마당에 밥 한 끼 같이 먹는 건 교역자들의 관례이고 문화였다. 나도 이전 교회에서 사임하고 이 교회로 왔을 때, 나랑 친분이 그리 깊지 않은 목사님들이 불러 밥을 사주며 보내줬다. 그때 얼마나 감사했는지 모른다.

나는 그렇게 목회를 배웠다. 교역자가 잘나건 못나건, 사임할 때 밥 한 끼는 줄 수 있는 게 최소한의 예의라고 생각했다. 그런데 무슨 이유에서인지 OO 전도사와는 아무도 밥을 먹지 않았다. 아직 사임할 때까지 약간의 기간이 있었다. 사역을 마무리해야 하니까.

그래도 그 전도사는 남들이 뭐라 하든 끝까지 소임을 다하고 가려고 하는 모습에 오히려 마음이 아팠다. 나 같으면 교회 앞마당에 가래침을 뱉고 사역이 어찌 되든 말든 확 나가 버릴 텐데 말이다. 그렇게 사역을 마무리할 시간에 밥을 100번이라도 같이 먹을 시간이 지나고 있었고 그렇게 며칠쯤 되었을까?

아침 조회 시간에 목회자들이 그 전도사를 피하는 것이 느껴졌다. 다른 사람의 인생에 상관없어 하던 내 눈에도 그것이 보였다. 나 말고 누군가가 밥 한 끼 먹자고 하겠지 했지만 그렇게 자주 들리던 그 전도사 사무실에도 아무도 방문하지 않았다. 참고로 그곳이 사역 특성상 사물함에 과자가 잔뜩 있어서 아침 조회가 끝나면 교역자들이 커피 한잔하고 담소를 나누고 가는 그런 곳이었다.

그런데 이제 아무도 찾지 않는다. 너무 열이 받아서 내 사무실로 돌아와 약간 상기된 말투로 사람들에게 물었다.

"전도사님, 목사님? OO 전도사하고 밥 안 먹어요?"

그러자 다들 내 말과 눈을 피하며 멍하니 모니터만 바라보며 대답했다.

"아니, 그러면 목사님이 같이 드세요.
우리는 뭐, 밥까지는...."

너무 화가 났다. 잘리고 나가는 사람과 밥 한 끼 먹는 것에도 의리나 사랑이 아닌 정치가 있었다. 교회 정치, 교회 내 파벌정치, 먹고 살려면 어쩔 수 없이 해야 하는 눈치 정치, 참 더러워서 그 사무실에서 내가 쏘아붙이듯 말했다.

"사람이 어떻게 될지 모르는데, 적어도 의리는 있어야지, 다들 너무 하시는 거 아니에요."

그러자 한 목사가 나에게 짜증 난다는 듯 소리쳤다.

"아, 그럼. 목사님이 먹어! 왜 우리한테 그래!"

기분이 더러웠다. 목회자라고 하지만 어떻게 사는 것이 사람다운 것인지 관심조차 없었다. 어떻게 모두가 하나같이 아무렇지도 않은 듯 자기 사무실로 향할 수 있을까.

OO 전도사도 그 자리에 있었지만 사람들 눈에는 보이지 않는 사람이었다. 참다 참다 양심에 찔려 더이상은 참을 수가 없었다. 나도 어차피 교회에서 꽤나 미운털 박힌 목회자라 아쉬운 것도 없는데 말이다.

그 자리에서 일어나 OO 전도사에게 가서 말했다.

"식사합시다. 내가 살게요. 떠나는 마당에 밥 한 끼 먹어요."

아직도 그 전도사의 표정이 잊히지 않는다. 만감이 교차하는 표정. 고작 밥 한 끼인 데 너무 많은 생각을 하는 표정이었다. 그저 밥 한 끼인 데.... 다행히 식사는 하기로 해서 근처에 내가 잘 아는 파스타 전문점에서 식사하기로 했다. 둘이서 가면 뭐해서 다른 사람들 갈 거면 부르라고 했다.

그러자 OO 전도사가 대답했다.

"같이 갈 사람 없어요. 그냥 둘이 가요."

그리고 내가 OO 전도사와 작별 식사를 한다는 소식이 교역자들 사이에 퍼졌다. 다들 나 대신 잘 먹고 오라는 말을 많이 했다. 속으로 나는 말했다. '그럴 거면 니가 식사하던가.' 겉으로는 잘 먹고 오겠다고 대답했지만 정말 너무들 했다.

그리고 내가 그 식사 자리를 만든 것으로 교역자들 사이에 미움을 한껏 받은 것이 느껴졌다. 혹시나 그 전도사가 알지 모르지만, 그 식사 자리 이후로 위의 분들에게 미운털이 제대로 박혔다.

그래도 후회하지 않는다. 의리가 없는 놈이 되는 것보다는 미움받는 게 훨씬 마음 편했으니까 말이다. 그래도 나와 식사한 이후로 다른 교역자들 몇몇과 식사를 했다는 이야기를 전해 들었다. 떠나는 길에 그래도 다른 사람에게 환송을 받는 것은 참으로 마음이 따뜻해지는 일이다. 부디 조금의 위안이 되기를 바랐다.

(디모데후서 4장 / 개역개정)
11. 누가만 나와 함께 있느니라 네가 올 때에 마가를 데리고 오

라 그가 나의 일에 유익하니라

성경을 읽을 때, 다른 언어는 표현하지 못하는 한국어만의 번역의 묘미가 있다. 그리고 그 묘미가 어느 언어보다 성경의 상황을 자세히, 그리고 정확하게 설명할 때가 있다. 나는 그게 조사라고 생각한다. 유럽권의 언어들을 보면 명사와 동사를 꾸며주는 단어가 따로 설정되었다.

예를 들어, '해피'(Happy)라는 단어를 예로 들면 '해피'(Happy)는 명사 앞에서 와도 동사를 꾸며주려 문장 맨 뒤에 와도 언제나 한 칸을 띄게 되어있다. 예를 들면 'I am Happy, You are Happy man.'처럼 말이다. 디모데후서 4장 11절에도 누가 뒤에 나오는 조사인 '만'은 영어로 보면 '온니'(only)이다. 영어 단어는 언제나 다른 문장과 한 칸 띄어 쓰게 되어있지만 한국어의 조사인 '만'은 앞의 명사와 붙여 쓴다.

누가'만' 나와 함께 있다.

이렇게 말이다. 마치 칼의 노래 작가가 첫 문장의 '꽃은', '꽃이'를 놓고 고민한 것처럼 '누가가 오직 나와 함께 있다'와 '누가만 나와 함께 있다'는 엄청난 차이를 보여준다. 그래서 디모데후서를 읽을 때 다들 3장 16절만 찾겠지만 난 언제나 4장 11절부터 읽는다. 그리고 이 '만'자에서 언제나 눈물을 흘린다.

바울의 곁에 아무도 없어서 우는 게 아니다. 바울이 마지막이 너무 처량해서 측은해서 우는 게 아니다. 누가만 옆에 있다고 하는 바울의 마음을 알기 때문에 우는 것이다. 흔히들 누가를 설명하라고 하면 다들 의사, 역사가 등으로 설명하고 누가복음과 사도행전을 집필한 저술가로 설명한다.

그러나 나에게 누가는 '만'의 사나이이다. 바울이 죽기까지 옆에 '만'의 남자로 섰던 사람. 끝까지 의리를 지킨 사람 말이다.

쉽게 쓰자고 한 책에 성서신학을 적기는 그렇지만 성서 배경학적으로 바울은 그렇게 성공한 길을 걷지 못했다. 우리가 그저 바울 하면 엄지를 치켜세우며 만세를 부르지만, 그때 당시에 바울은 보잘것없는 한 사람이었을 뿐이다.

그가 세운 교회들 중에 고린도 교회는 파벌에 휩싸여서 4개로 나누어졌다. 그리고 바울은 처참하게 자기 교회에서 쫓겨나기도 했다. 바울이 감옥에 갇혀 있을 때 바울의 사도성 검증이 난무했고 바울의 선교 공동체보다 더 열심을 내며 경쟁 구도를 만드는 움직임도 있었다.

선교여행을 할 때마다 사람이 떠나는 인물이 바울이었다.

사람이 떠나는데는 이유가 있겠지만 그래도 그 사람 옆에도 누군가는 필요하다. 그렇다고 주변의 정치나 사람의 말들, 해코지가 없었을까?

그래도 누가 '만' 그 곁에 남았다. 누가는 '만'의 사람으로 바울의 곁에서 끝까지 함께 했다. 디모데에게, 그리고 디도에게 교회를 물려줬지만 누가는 무엇 하나 물려받은 직분 하나 없다. 그래도 누가는 바울의 마지막을 함께한 사람이었다.

누가라고 그런 욕심이 없었을까? 누가복음과 사도행전을 보면 누가란 사람의 능력이 얼마나 대단한지도 알 수 있는데, 과연 누가라고 한 교회 담임목사가 되고 싶지 않았을까? 자신이 바울을 잇는 2대 후계자라고 생각한 적이 없었을까? 다들 떠나갈 때 자기도 바울에게서 떠나 다른 삶을 살고 싶어 하지 않았을까?

그러나 누가는 바울에 대한 의리를 지켰다. 노인이 되어버린 바울 곁을 끝까지 지켰다.

적어도 '누가처럼만' 사는 사람이기를 디모데후서를 읽을 때마다 생각한다. 부모님이 가끔 인생 교훈을 이야기하실 때가 있다. 그중에 하나가 '적어도 사람이 의리는 있어야 한다.'였다.

목사도 의리가 있어야 한다. 적어도 목사가 아니라 사람이라면 말이다. 목사이기 이전에 사람이 지켜야 할 덕목부터 지켜야 한다는 부모님의 조언이 생각났다. 목사가 되기 이전에 사람이 되어야 한다는 부모님의 당부였다.

그렇게 잘린 전도사와 밥 한 끼 먹은 이후로 미운털이 단단히 박혀 있었다. 그것도 교회에서, 목회자 그룹에서 말이다. 그래도 사람으로서는 당당했다. 어느 순간 내가 그 자리에 있을 수도 있고 다른 누군가가 그 잘린 자리에 있을 수도 있다. 비록 어떤 일이 있어서 불명예스럽게 떠난다 해도 누군가에게 누가처럼 '만'의 사람으로 있었다는 것에 자부심을 느낀다. 다른 누군가에게 나도 누가가 될 수 있는 좋은 경험이었다. 의리의 누가처럼 말이다.

목사로서 당당하려면

나는 사람 앞에 아부를 떨거나 굽실거리는 것을 유독 싫어했다. 예의 있게 인사하고 바르게 다녔지만 그렇다고 마음에도 없는 아부까지 하고 싶지는 않았다. 그리고 굳이 복잡한 일에 시달리는 것도 좋아하지 않아서 행정상 무리가 없다면 상사의 요구도 거부하곤 했다. 예를 들어, 나랑 전혀 관계가 없는 선임 목사가 나에게 자신의 논문이나 업무를 시킨다면 이렇게 말했다.

"죄송한데요. 그건 제 일이 아니라서 해 드릴 수가 없습니다. 제가 좀 지금 여유가 없기도 하고요."

아무리 예의를 갖춘 사람이라고 해도 이렇게 말하면 언제나 상대방은 목회를 어디서 배웠냐며 핀잔을 했다. 그러나 실제로 내 일만 다 마치기에도 24시간이 부족했고 또 남의 일에

휘말려 괜한 책임을 지는 것도 싫었다. 마땅히 잘 보일 사람이 없고 정치를 할 필요를 못 느꼈으니 아쉬운 것도 없었다. 정말로 행정상 필요한 상황이 아니면 무리한 요구는 거절했다.

하지만 이런 모습이 누군가에는 당당한 모습으로 보였던 것 같다. 그리고 내가 당당한 게 보기 싫었는지 위의 분들(교구 목사)이 나에 대해 가십을 늘어놓는다는 이야기를 많이 들었다. 길거리를 지나가다가 한 전도사가 나에게 조심하라며 경고를 했다.

"목사님, 요새 위에(교구실)의 말이 많이 나와요.
조심하세요."

"무슨 말이요?"

"목사님이 목이 너무 뻣뻣하데요."

참고로 난 굉장히 예의가 바르다. 어른을 보면 인사하고 행정상 모든 것을 정도 있게 처리하려고 노력한다. 인사를 안 한다는 뜻으로 알고 깜짝 놀라서 다시 물었다.

"나 인사 잘하는데요?"

"아니요. 그게 아니라 알잖아요. 위의 분들 원하는 거. 굽신 거리고 아부도 떨고 그래야 하는데 너무 당당하대요."

그때서야 이해했다. 교회 내에 서열 정리였다. 어떤 교회에서는 서열이 존재하는데 목회자만으로 따지면 담임-교구-일반목사-전임전도사-교육전도사 순서로 내려갔다. 아마도 자기들이 교구 목사이니 그에 맞는 나의 태도를 원했던 것 같다. 근데 청개구리 같은 성격이라 그러면 그럴수록 더 그들이 원하는 반대의 방향대로만 해주었다.

그렇게 몇 달이 지났을까? 소위 교회에서 손 좀 봐줘야 하는 목사가 되어있었다. 실제로 손 좀 봐줘야 한다는 말을 누가 했다고 전해주었다. 그래서 혹시나 주먹다짐이라도 하려나 싶어, 내심 기대도 해보았지만 아쉽게도 교회 내에서 폭력을 행사하지는 않았다.

그러나 다른 면으로 협박 아닌 협박을 했다. 이름하여 "교구 목사 해야지!"라는 협박이었다.

교회에서 전도사를 시작하면 대개 교육 파트 담당으로 시작한다. 교육에서 전임전도사가 되려면 당회 안건이 통과해야 하기에 웬만한 교회에서 전임으로 써주는 사람은 극히 드물었다. 그렇다고 해도 다들 전임이 되기 위해서 교육전도사들은 최선을 다한다. 웬만한 대형교회는 말할 것도 없고 조그마한 교회에서도 전임이 되기 위해서는 간과 쓸개를 다 내줘야 할까 말까 한 것이 전임전도사 자리이다. 나도 목사로 오기까지 전임도 해보았기에 그 상황을 잘 알고 있었다.

교육, 전임, 교구. 이런 단어들이 생소하다면 흔히 세상 말로 승진이라고 보면 딱 맞을 것이다. 이 승진 시기에 다양한 선배 목사들이 와서 자기들의 업무나 사적 일을 시킨다. 이러한 말을 덧붙이면서

"아~ OO 전도사, 이번에 전임돼야지! 이것 좀 대신해 줘. 그럼 내가 또 담임목사님께 이거 OO 전도사가 했다고 보고 할게."

"아~ OO 전도사, 이번에 안수받아야지! 담임목사님이 이거 시킨 일인데, 이거 굉장히 중요해, 한번 해봐."

진심으로 하는 말이지만 저렇게 말해 놓고 나에게 실제로 전임전도사가 되도록 결정적 도움을 주거나 실제로 담임목사

에게 내가 했다고 말해준 사람은 단 한 명도 없었다. 오히려 실수를 드러내서 책임을 내가 졌으면 모를까! 잘 되었을 때는 다 자기들 공으로 돌렸을 뿐이었다. 이미 전 교회에서 겪을 대로 겪어보고 온 나였기에 저런 협박은 협박으로 들리지도 않았다.

교회 행사가 크게 있던 어느 날이었다. 오후에 일정이 마치고 교역자끼리 식당에서 밥을 함께 먹게 되었다. 늦게 온 탓에 자리가 비어 있었던 곳은 불행하게도 선임 목사 옆이었다. 다 같이 웃으며 밥을 먹고 행사도 마쳤겠다, 모두 조기퇴근을 기대하고 있었다. 나도 집에 가서 일찍 쉴 생각에 행복해하고 있을 때 내 옆에 50세 선임 목사가 말을 걸었다.

"송 목사는 올해 나이가 어떻게 돼?"

"올해 서른넷이요."

"그래? 그럼 이제 교구 목사 해야 하지 않겠어?"

"담임 목사 하려면 교구 목사를 해야 해.
그러려면 교구 목사님들에게 인정을 좀 받아야 해."

집에 일찍 간다는 희망보다 교구 목사 자리를 가지고 옆에서 협박 아닌 협박을 하는 터에 기분이 확 망가져 버렸다. 나는 목사로서 단 한 번도 교구 목사를 하거나 담임목사를 하고 싶다는 생각을 해본 적이 없었다. 내 은사와 맞지도 않을뿐더러 한다고 해도 성도들과 장로들에게 이리 치이고 저리 치이는 이런 직분은 맡고 싶지 않았다. 마치 바지사장처럼 느껴진다고 할까? 그래서 난 단호하게 대답했다.

"전 교구 목사 할 생각 없습니다. 담임목사가 제 꿈도 아니고요."

교구 목사, 담임목사 모두 안 한다는 내 대답에 그 선배 목사는 조금 당황한 기색이었다. 그도 그럴 것이 다들 하고 싶어서 난리인 교구와 담임을 안 한다고 말하니깐 말이다.

정작 할 말이 없어졌는지 말을 더듬으면서 나에게 왜 교구 목사를 안 하고 싶냐고 물었다.

"제 은사도 아니고 제 길은 따로 있어요.
그리고 전 담임 굳이 할 거면
10만 명 교회 담임으로 갈 거예요. 아니면 안 합니다."

누구나 들으면 알겠지만 내 대답은 교구 목사나 담임목사를 안 하겠단 말을 돌려 한 것이다. 어차피 내가 10만 명 교회에 담임목사로 초빙될 일은 없으니까 말이다. 내 대답에 50 먹은 목사가 이렇게 말했다.

"난... 하루만이라도 담임목사하고 죽고 싶다...."

그 순간 내가 앉은 테이블이 숙연해지기 시작했다. 교구 목사들로부터 웃음기가 사라지더니 다들 무언가 알아챈 듯 입을 다물기 시작했다. 그 자리에서 웃으며 간식을 먹는 건 나 뿐이었다.

식사를 마치고 가는 길에 총무 격인 교구 목사가 나를 불러 핀잔을 주기 시작했다. 어른에게 그렇게 말하는 건 잘못이라며 말이다. 그리고 교구 목사들이 잘 봐줘야 10만 명 담임 목회도 할 수 있는 거라고 말이다.

나는 그 자리에서 눈을 부릅뜨고 또박또박 대답했다.

"전 10만 명 담임목사 시켜줄 사람에게만 인정받을 겁니다."

저 대화 이후로 교구 목사들은 아무도 나에게 말을 걸지 않았다. 그 이후로 나에게 잘해준 것도 없었지만 못되게 한 것도 없었다.

나도 교육전도사였을 때, 전임이 되고자 별짓을 다 했다. 그렇게 전임이 되면 모든 것이 행복할 줄 알았다. 다른 목사들이 무리한 요구를 해도 다 해주고 내 책임이 아니라도 내가 대신 자진해서 지려고 할 때도 있었다. 그렇게 전임이 되고 나니 목사 안수라는 또 다른 산이 있었다. 똑같았다.

전임이 되려 했던 때와 말이다. 그렇게 간과 쓸개를 다 내주고 목사가 되고 난 뒤, 또 교구 목사라는 산이 있었다. 이거 완전히 데자뷰(dejavu)다. 교구 목사를 해본 적은 없었지만 먼발치에서 교구 목사들의 삶을 유심히 관찰했다. 그들은 교구 목사가 되었지만, 전임전도사와 똑같은 단계로 되돌아갔다.

그들도 담임이 되기 위해 담임이 시키는 무리한 요구를 다 해내고 있었다. 그러나 목숨까지 내어준다고 해도 그들이 얻는 것은 기대 이하의 것들이거나 그것조차도 받지 못했다. 실례로 한 교회에서 평생 부목사로 헌신한 아는 목사님이 결국 얻은 결실은 다 쓰러져 가는 지하의 기도실 하나만 받았다는 소식도 들었다.

결국 목사가 교회에서 당당해지기 위해선 나만의 길, 나에게 주어진 길을 걸어가야 한다. 그리고 난 이것을 사명이라 부른다.

어느 교회에서도 당당히 바른길을 가는 목회자들을 보면 첫째, 자신에게 주어진 길만 갔다. 둘째, 자신의 사명 이외의 것에는 욕심을 부리지 않았다. 셋째, 나의 사명을 다른 사람이 대신해 줄 수 없다는 것을 알았다. 성경이 쓰인 이래로 우리의 선진 들은 그래서 당당할 수 있었다.

내가 사명에 대해 깊은 고민을 한 것도 바로 이 이유에서였다. 맹목적으로 나에게 주어진 사명인지 아닌지도 모르고 그저 남들이 다 가지고 싶다 해서 가는 그런 사람이 되고 싶지 않았다. 그렇다면 청년들이 꿈을 버리고 다들 공무원이 되려 하는 것과 무엇이 다를 수 있을까? 그래서 난 목사 안수를 받은 후에 재정비 기간으로 얻은 2주 동안 사명을 중심으로 성경을 읽어 내려갔다.

성경에 모든 인물들이 사명을 가졌지만 내가 주목해서 본 것은 바울의 사명이다. 세상에 바울만큼이나 비주류였던 사람이 있을까? 그는 죽기 전까지 사도성의 의심을 받은 사도였다. 이미 11 사도를 중심으로 형성된 그리스도 공동체에서 바울이 설 자리는 없었다. 흔히들 베드로가 열두 사도 이름 중 먼저 나온다고 그 당시 총 리더로 보는 사람도 있지만, 베드로는 당시 그리스도 공동체 내에 넘버 2였지만 가장 큰 실세라고 봐야 맞는다고 본다. 넘버 1 같은 넘버 2랄까?

그런 곳에서 바울은 살아생전에 이미 사도로 인정받은 열한 사도에게 인정받으려 노력했어야 할 것이다. 마치 내가 목사일 때, 교구 목사에게 그래야 했던 것처럼 말이다. 적어도 선교여행을 떠나기 전에 베드로에게 자신의 사도성을 공증받았다면 그나마 쉬운 여정이 되었을지도 모른다.

그러나 바울은 당당했다. 그 당당함은 복음에 대해 부끄러워하는 베드로를 많은 사람 앞에서 질책할 수 있을 정도였다. 다들 이 장면을 쉽게 지나가는데 교회의 예로 들면 일개 파송 선교사가 그 교회 수석 목사에게 또는 곧 담임목사 해도 될 정도의 실세 목사를 교인들이 보는 앞에서 질책한 것이다.

바울의 이런 당당함은 어디서 나왔을까? 그것은 사도행전에 적힌 바울의 유언에서 찾아볼 수 있다.

(사도행전 20장 / 개역개정)
24. 내가 달려갈 길과 주 예수께 받은 사명 곧 하나님의 은혜의 복음을 증언하는 일을 마치려 함에는 나의 생명조차 조금도 귀

한 것으로 여기지 아니하노라

바울은 선교여행을 시작하고 나서 로마 황제 앞에 목이 잘려 죽을 때까지 한번도 다른 사역을 해본 적이 없다. 그는 사명 곧 "하나님의 은혜의 복음을 증언하는 일을 마치려 함" 외에는 다른 일에 자신의 생명을 던진 적이 없다. 그리고 다른 사명에 조금도 가치를 두지 않았다. 왜냐하면 하나님이 바울에게 주신 사명은 오직 단 하나뿐이었기 때문이다.

그래서 바울은 당당할 수 있었다. 그 외에는 중요하지 않았다. 바울이 가진 사명은 자신이 다메섹에서 만난 예수 그리스도를 통해 받은 것이 확실했으니 말이다.

하지만 생각해보면 바울은 목회자가 아니었다. 바울은 단 한 번도 교회에 앉아서 담임목사란 타이틀로 원로 목사까지 해 먹으려고(?) 하지 않았다.

교회가 생기면 바울은 적절한 시기에 그곳을 스스로 누군가에게 맡기고 떠나갔다. 디모데와 디도를 교회의 지도자로 목회자로 맡겼을지언정 자기가 목회자가 된 적이 없었다. 그렇다고 바울이 신학자였을까? 난 아니라고 믿는다. 그는 그저 교회가 처한 어려움에 펜을 들었을 뿐이다. 그리고 그 이유는 단 하나 '복음'을 위해서였다. 만약 교회에 바울이 전한 '다른 복음'

이 들어가면 지체없이 펜을 들었다. 그렇다고 선교사도 아니었다. 바울은 복음을 전하고 그 지역에 선교 베이스나, 시스템을 구축할 생각이 없었다. 바로 복음을 외친 뒤에 지체없이 또 다른 곳으로 떠났다.

바울은 그저 하나님의 은혜의 복음을 증언하는 일을 마치려 함에 목숨을 던지는 사람이었다. 그 외에 심지어 사도라는 타이틀에도 전혀 가치를 두지 않았다. 왜냐하면 무엇인가 되는 것이 자신의 사명이 아니었기 때문이다. 그리고 오직 사명에만 자신의 목숨을 던진 사람만이 할 수 있는 말을 한다.

(사도행전 20장 / 개역개정)
27. 이는 내가 꺼리지 않고 하나님의 뜻을 다 여러분에게 전하였음이라

얼마나 멋있는 말인가! 내가 꺼리지 않고 하나님의 뜻을 전했다는 이 말! 마틴 루터는 이 '꺼리다'는 동사를 '침묵하지 않았다'라고 전하고 있다. 하나님의 복음을 침묵하지 않는 바울. 하나님의 사명이 그 어떤 상황에서도 바울을 당당하게 만들었다.

교회에서 부르심을 받아 목회자가 되면 반드시 무언가 돼야 한다는 욕심이 찾아온다. 전임전도사, 목사, 교구 목사, 담임 목사, 그리고 노회장, 마지막으로 총회장. 그러다가 결국 하나님의 자리까지 차지하려 한다.

무엇인가 된다는 것은 그런 것이다. 사명을 잃어버린 목회자는 결국 타이틀과 명성이란 중독에 빠져 마약에 중독된 사람이 될 뿐이다. 인간이 그것을 줄 수 없음을 알면서도 자존심을 포기해가면서 얻은 부귀영화 뒤에 그 부귀영화 뒤에서 처참히 썩어가는 좀비와 같은 목사가 된다는 것을 알면서도 말이다.

전도사든 목사든, 하나님께 부르심을 받았다면 다 각자만의 사명이 있다. 그 사명은 당신이 어떤 상황에서도 당당히 설 수 있는 힘이 될 것이다. 만약 지금 무언가 되기 위해서 또는 목사의 승진을 통해 부귀영화를 누리려 한다면 잠시 내려놓고 사명을 찾기를 바란다. 험한 파도 위에 길을 비추는 등대처럼 어둡기만 한 목회의 길 위에 한 줄기 빛이 되어 줄 것이다.

행복하지 않았어
그리고
행복할 이유도 없었어

 나에게는 목사로 사는 것이 행복하지 않았다. 이 책에서만큼은 솔직해지고 싶다. 나는 목사였던 적이 한 번도 행복했던 적이 없다. 행복한 척은 했어도 행복하지는 않았다. 기쁜 척은 했어도 기쁘지는 않았다. 소망이 있고 은혜가 있고 축복이 있는 척은 했지만 실제로 그렇지는 않았다. 억지로 자신을 세뇌시키듯 기쁘다고 행복하다고 성도 앞에서 말은 했지만 사실 그러지 않았다.

 이런 말을 하면 교회의 성도들이나 목회자들은 바로 이렇게 말한다.

"어떻게 목사가 안 행복해?"
"성경에 항상 기뻐하라고 했는데."

"어떻게 저런 말을 할 수가 있어?"

"행복하다고 고백해야 행복한 거지. 믿음이 없구먼."

객관적으로 보면 사실 행복할 이유가 없는 게 당연했다. 한국교회는 점차 모든 것이 감소의 길을 걷고 있었다. 성도 수는 줄고 있었다. 해마다 부장과 부감, 교구의 임원을 합해도 빈자리를 숨길 수 없었다. 30~40대는 교회 내에 찾아보기 힘들었고 청년들의 이탈은 생각한 것 보다 그 수가 상당했다.

참고로 내가 사역한 교회에서 단 3년 사이에 400명에서 80명까지 청년들이 이탈한 것을 눈으로 목격했다. 그런 청년부를 억지로 맡은 교역자들에게 "똥 밟았다"고 표현하는 다른 부교역자들을 보고 있으면 행복은 딴 나라 이야기였다.

내가 사역한 교회 말고도 다른 교회의 사정도 비슷했다. 60대에서 70대의 성도들 빼고는 40~50대는 터무니없이 그 수가 줄고 있었다. 먹고 살 만큼 사례비는 주는 교회도 적어지고 있었고 안정적으로 자녀 2-3을 가진 부목사는 "먹고 살 만한" 교회를 찾기가 거의 불가능했다. 아이가 세 명인데 200만 원 사례비로 살 수는 없지 않은가?! 거기다 교회에서 사택을 주지 않으면 상황은 더 심각했다.

내가 목사를 그만두기 전에 한 사모가 이제 대형교회 와서 좀 먹고살 만해졌다고 말하는 것을 보면 어느 정도 다른 교회의 상황을 짐작할 수 있었다.

단순하게 환경과 상황만을 가지고 말하자는 건 아니다. 이미 한국교회 부목사들에게 교회는 직장이 되어가고 있었다. 성경을 가지고 사도나 선지자처럼 살아가는 목사가 아니라 교회와 담임목사의 눈치를 보며 한 달 사례비와 보너스를 챙겨가며 내년 걱정을 하는 경우가 대부분이었다.

그도 그럴 것이 내가 속한 교단은 1년에 한 번씩 목사들과 장로들의 재평가가 이루어지고 그 평가에서 떨어지면 교회를 사임해야 한다. 그러니 일 년 살이 목사이다. 그렇게 현재 하나님의 나라와 뜻은 목사들에겐 달마다 나오는 교회의 사례비에 순위가 밀린 지 한참이 되었다.

내가 마지막으로 노회에서 주최한 부목사 대회에 참가했을 때 일이다. 목사들이 모여서 무슨 이야기를 할까? 얼마나 더 성경을 깊이 이해하는가? 얼마나 기도를 깊이 할 수 있는가? 얼마나 성도를 사랑해야 하는가? 얼마나 교회를 더 성장시키는가? 솔직히 그런 이야기를 하려고 모인 줄 알았지만 대부분 놀고먹는 시간이거나 짬밥 높은 노회 임원의 고지식한 강의를 듣는 것이 전부였다.

간간이 쉬는 시간에 친한 목사들끼리 모여서 속내를 털어

놓곤 했는데, 부목사들의 가장 뜨거운 주제는 '노후'였다. 45세에서 50세 사이의 부목사들이 대부분이었는데 이들도 노후가 걱정되었는지 노후 준비를 머리를 맞대고 이야기하고 있었다. 이미 자기들의 노후가 먼저인 목사들에게 무슨 희망이 있을까? 그래도 목사들끼리 모임에 선한 것이 나오길 기대했던 내가 바보였던 것 같다.

전도사, 목사로서 보낸 8년은 난파된 뱃머리 끝에 서 있는 기분이었다. 마치 타이타닉의 한 장면처럼 말이다. 그래도 대형교회에서만 사역해서 1% 안에 드는 목회 환경에 있었지만, 남들보다 조금 늦게 빠질 뿐 바다에 수장되는 것은 확실해 보였다.

통계에도 나왔듯이 이런저런 기사와 평론이나 다양한 미래를 예측하는 책들에는 교회의 미래를 암울하게 본다. 이러한 상황 속에서 자신은 대형교회에 와서 다행이라고 교역자들끼리 식사 자리에서 말하는 목사의 면상을 보았을 때, 속으로 이렇게 말했다.

미쳤구나....

주어진 현실이 이러한데, 앞날이 이런데 마치 다가오지 않는 거짓말인 것처럼 사실과 현실을 무시하고 기적만을 외치는 위선자가 될 수 없었다. 사실은 사실이고 현실은 현실이니까. 현실을 직시해야 미래의 답을 내놓을 수 있으니.

이러한 이야기를 꺼낼 때마다 친구 목사는 나에게 언제나 "넌 너무 염세적이야, 왜 그렇게 부정적으로 사냐? 지금은 성령의 시대야! 교회는 망하지 않아!"라고 날 꾸짖었다. 어디서 저런 망상적인 사고방식이 나왔나 싶지만 다만 친구 목사만 저런 생각을 하는 것은 아니었으니까.

그렇다 하더라도 내 마음은 언제나 이렇게 말했다.

"난 행복하지 않다."

나의 부모님은 두 분 모두 교사로 한평생을 지내셨다. 남들이 아무도 교사를 안 할 때부터 모두가 교사하고 싶어 안달이 날 때까지 교직에서 일하셨다. 그래서 교사로서 학부모들을 상담한 일례들을 밥 먹을 때 이야기해주실 때가 있다.

한 해에 반을 맡으면 문제 아동이 꼭 한 명은 있다는 것이다. 문제의 유형은 폭력이나 장애 등 여러 가지가 있는데 이런 이유로 학부모가 학교로 와서 상담하면 100이면 100, 자녀의 문제를 무조건 반사적으로 거부한다는 것이다. 영화나 드라마에서처럼 '우리 애가 절대 그럴 리가 없어요! 선생님이 잘못 보신 것에요!'라는 대사가 매해 반복된다는 것이다.

그런 부모일 경우 몇 주간 학부모가 자기 자녀에 대해서 스스로 인정할 때까지 제대로 된 상담은 진행되지 않는다고 한다. 장애가 있음을 빨리 인정해야 문제 해결을 위한 조언을 해주는데 그 문제를 거부하면 아무리 좋은 해결책도 방법이 없다는 것이 부모님의 이야기였다.

교회 현실은 다를까? 현실과 사실에 대해서 솔직하게 인정하고 받아들이지 않은 상태에서 분홍빛 이상만을 믿는 것은 문제 해결에 아무런 도움이 되지 못한다. 부모님이 나에게 주신 삶의 지혜였다. 행복하지 않은 것을 행복하다고 주저리주저리 읊어 봤자 행복한 것은 내 착각밖에 되지 않았다. 중요한 것은 내가 왜 행복하지 않은지 사실 그대로 받아들여야 했다. 그래야 진정한 행복이 무엇인지 알 수 있는 법.

그래서 나는 혼자 있을 때면 종종 사색에 잠겼다. 행복하고 싶어서. 언제나 스스로에게 묻고 또 물었다. 담임목사가 되면 행복할까? 정말로 1만 명 교회 담임목사가 되면 행복할까? 앞으로 난 담임목사가 될 확률이 어떻게 될까? 빽(배경, 연줄의 비속어)도 없고 부모님도 그저 권사 집사일 뿐인데 난 얼마나 노력해야 할까? 내가 과연 교회를 바꿀 수 있을까? 지금도 이렇게 일개 교회 안에서 입을 다무는데 담임목사가 되면 당당해질 수 있을까? 행복해지려면 난 꼭 목사를 해야 할까? 등

내가 목사를 그만둔 이유는 목사가 아니어야 행복할 수 있었기 때문이다. 가끔 그런 생각을 한다. 지금이라도 괜찮은 교회에 가면 월 200은 받으며 생활할 수 있고 이래저래 보너스와 심방 때 받을 봉투들을 합산하면 월 250만 원에서 300만 원을 벌 테니 생활이 낫지 않겠는가.

그런 생각을 할 때마다 내가 사역할 때 40세가 넘은 목회자들의 모습을 다시금 떠올리며 그들의 얼굴 속에 행복의 그림자조차 없었던 모습을 상기하면 나의 이런 생각도 훅 지나치게 된다.

복음의 능력을 잃고 어떻게든 살아보려고 담임목사의 비위에 맞추고 서서히 죽어가는 50대 아저씨가 되어가는 그들의 모습. 그런데도 그들이 원했던 1천 명 담임목사? 500명 교회 담임목사 자리도 찾지 못해 그저 나이 먹어가는 모습들 말이다. 그 모습들이 나에게 행복을 줄 순 없었다.

죽을 때 후회하고 싶지 않다

마지막 교회를 사임하고 얼마 있지 않아 포항에 계신 부모님을 찾아뵈러 갔다. 멀리 계신지라 못 찾아뵌 것도 있지만 진지하게 상의할 일도 있어 무거운 마음을 안고 4시간이나 운전해서 찾아뵈었다.

교회를 사임한 이야기는 이미 알고 계셨던 터였다. 도착한 후에 식사를 같이하고 이런저런 그간 이야기를 하며 하루를 마쳤다.

다음날 기회가 되어서 부모님에게 꼭 해야 할 말이 있다고 하며 한자리에 모여 앉았다.

"이제 목사는 그만하려고요."

대뜸 목사를 그만둔다는 말에 두 분 모두 놀란 눈치였지만 가장 놀란 것은 어머니였다. 평생을 목사로 키워왔고 목사가 되었을 때 가장 기뻐한 것도 어머니였다. 그런 아들이 목사를 그만두겠다는 이야기에 어머니 얼굴은 어두워졌다.

그리고 어머니가 나에게 되물으셨다.

"왜? 목사를 그만두려고 하니? 무슨 이유라도 있니?"

나는 어머니의 질문이 정말 감사했다. 안된다고 할 줄 알았는데 '왜'라는 질문을 해주시니 이제서야 무언가 대화가 되는 듯했다. 그리고 미칠 듯이 콩콩 뛰던 심장도 점점 제자리를 찾아갔다.

참고로 교회에서 전도사로 사역하고 목사로 사역하면서 교회 이면의 어두운 그림자들을 보았을 때 나 자신이 참을 수 없어 스트레스와 화가 많이 났던 때가 있었다. 심지어 내가 어렸을 때부터 출석했던 교회가, 내가 존경했던 목사가, 현실을 들여다보니 그 이면에는 이런저런 인간의 것들이 가득했다는 것을 깨달았을 때, 그때 느낀 배신감은 이루 말할 수 없을 만큼 컸다. 그 말들을 믿었던 게 바보라고 생각할 만큼 화가 머리끝까지 날 정도였다. 그때도 그 분노를 그저 저 내 마음속 어디 한편에 쌓아 놓기에는 너무도 그 크기가 커서 가끔 입으로 그만두고 싶다는 말이 나올 때가 있었다.

그럴 때마다 어머니가 나를 위로한답시고 하는 말은 내 분노에 기름을 붓는 격이었다.

"하용아, 교회는 다 그런 거다.
교회도 사람이 사는 곳인데 아무렴, 다 원래 그런 거야."

원래 그런 거라니. 저 문장만 나오면 주변을 다 부술 듯이 화를 내며 소리를 치고 발광을 하기 시작했다. 심지어 고깃집에서 부모님과 우리 가족이 식사할 때도 어머니가 저 문장을 말하자마자 내가 화를 내서 고깃집 직원들이 다 나와서 내 주변에 서성이던 때도 있었다.

그런 어머니가 나에게 '왜'라는 질문을 하셨다. 나는 어머니께 내가 그동안 가졌던 생각들을 차근차근 설명했다. 가장 큰 이유부터 부모님께 설명하기 시작했다. 그때 부모님께 말씀드린 목사를 그만두는 나의 이유들은 이러했다.

첫째, 한국교회는 망해가고 있다. 그리고 난 그것을 바꿀 힘이 없다.

지극히 내 개인적 생각이지만 한국교회가 망해가고 있다고 생각한다. 적어도 2000년도 이후로 한국교회는 하락세를 걷고 있고 한 해마다 걸러 나오는 세습, 목회자 윤리, 돈 문제 등으로 이제는 내부에서부터 스스로 무너지는 중이라고 본다.

큰 교회들 중에 마치 교회의 희망이듯 무언가 새로운 전환점을 보여줄 듯하지만, 그마저도 여의치 않다. 교회가 무언가 반등을 하기 위해 해야 할 것들이 많지만 이미 기득권이 형성된 종교지도자들이 그것을 원하지 않기에 지금 한국교회는 더 이상 뺄 조각이 없는 무너지기 직전의 젠가 같은 모습이다.

그 외에 저출산 문제, 청년들의 교회 이탈 문제, 싱글 라이프 등. 교회가 이제까지 추구해온 전통을 위협하는 문화들이 쓰나미처럼 밀려오고 있다. 한창 일할 나이대인 30~50대가 교회에서는 보이지 않는다. 더 이상 말해봤자 아까운 종이만 낭비될 뿐이니 교회의 문제는 여기까지 말하겠다.

그런데 저 위에 나열한 교회 문제보다 더 큰 문제가 있다. 아니 제일 중요하고 제일 먼저 생각해야 할 한국교회의 가장 큰 문제는 후자이다.

"내가 바꿀 힘이 없어요."

부모님께 드린 말은 이게 전부였다. 내가 바꿀 힘이 없다. 정말 자존심 구겨지는 말이지만 부모님께 솔직하게 말했다. 대형 교회에서 사역하고 대단한 목회 이력을 쌓았지만 난 바꿀 힘이 없었다. 그리고 바꿀 힘이 없는데 그곳에 내 인생과 내 재물과 내 능력을 낭비하고 싶지 않았다.

두 번째, 그렇다면 교회가 무너진 뒤에 다시 세울 힘을 키워야 한다.

예루살렘이 무너질 때, 우리가 다 아는 다니엘, 에스라, 느헤미야도 그곳에 있었다. 물론 하나님이 남 유다를 심판하실 것을 몰랐지만 망한 뒤에 망연자실하지 않고 자신들을 멸망시킨 나라, 그리고 그곳에 세워진 새로운 강대국 사이에서 자신의 능력을 키우고 인정받으며 때를 기다렸다. 힘이 조금 있다 하여서 반란을 꾀하거나 아니면 억지로 이스라엘의 독립을 추진하지 않았다.

느헤미야서를 통해 부모님을 설득했다. 언젠가 교회가 다 무너져 아무도 찾지 않는 폐허가 될 때 누군가는 그 터 위에 새로운 교회를 지어야 할 것인데 그때에는 분명 느헤미야처럼 세상에서도 인정받는 능력을 갖춘 사람이어야 가능할 것이라고 그래서 지금은 교회에서 인정받는 것이 아니라 스스로 세상에 포로가 되어 그곳에서 인정받는 사람이 되어야 한다는 논리였다.

그러기 위해서 나에게 필요한 것은 유학이라고 했다. 나는 유학을 준비해야 한다고 말했다. 그리고 그 유학지는 독일이라고 알려드렸다.

"저 독일로 유학 가겠습니다."

영어도 가능하고 미국에 친척도 있는데 왜 굳이 독일이냐고, 그리고 나이도 이제 30대 후반인데 꼭 유학을 하러 가야 하느냐며 목회를 이어가는 건 어떠냐며 나를 설득하셨다.

"그냥 목회를 계속하는 게 어떠니?"

어머니의 말에 내가 생각한 세 번째 이유를 말했다.

"죽을 때 후회하고 싶지 않아요."

나도 교회를 사임할 때 목사를 마음속으로 내려놓으며 유학에 대해서 고민을 하지 않은 것은 아니다. 애가 둘이고 결혼도 하고 가정이 있는 가장으로 어찌 그런 걱정을 안 했겠는가. 때론 그냥 일반 직장에 들어갈까? 자영업을 해 볼까도 생각해 봤다. 다양하게 이런저런 생각, 아니면 다시 목회를 할까도 최후의 보루로 생각하기도 했다.

그렇게 머릿속에 수많은 생각과 단어들만 휭휭 돌아다니는 중에 피곤해서 잠깐 눈을 붙이게 되었다. 스트레스를 잠으로 풀기 때문에 힘들거나 마음이 어려우면 잠을 잔다.

그때도 잠시 침대에 누워서 1시간만 자려고 했는데 문득 이런 생각이 들었다. 이 침대가 관이고 내가 시체라면, 아니면 내가 이제 시한부로 죽기 직전이고 이제 내 침대 곁으로 내 가족들이 와서 나의 임종을 보고 있다면 나는 무엇을 할까?

머리가 바짝 서며 다시 일어나 서재로 들어갔다. 종이에 죽음이라 적고 내가 생각한 단어들을 네모 박스 안에 적힌 죽음이란 글자 주변에 다 적었다. 그리고 생각했다.

내가 죽을 때 만약에 생전에 하지 못한 것이 있다면 무엇이 가장 후회스러울까? 울면서 '그때 그것은 해 볼걸', '그때 그것은 꼭 이루었어야 했는데'라고 말하며 죽을 것이 무엇인지를 찾았다. 그렇게 50단어를 나열했고 그중 제일 후회할 단어 하나만을 남겨놓았다. 그것은 '유학'이었다.

주변에서 유학을 가지 말라는 충고를 하면 대부분 그 근거를 신학 박사학위로 한국에서 교수하기 힘들고 밥 벌어먹기 힘들다는 이유들을 꼽아 보곤 했다. 미안하지만 난 유학을 한국에서 교수로 먹고살려고 하는 것이 아니기에 전혀 내게 맞는 충고가 아니었다. 다들 이런 말 하면 이해가 안된다는 말들을 하곤 했는데 어쨌든 난 교수가 되려고 하는 것이 아니었다. 특히 한국에서 신학교 교수는 더욱더 아니었다.

독일을 택한 이유는 가정과 미래를 위해서였다. 1년 좀 넘게 미국에 거주해본 적이 있는데 나의 교육 가치관이나 나의 문화적 특성과 맞지 않았다. 그렇다면 독일은 어떨까? 가족회의를 통해서 이리저리 이야기하며 결정한바 가족과 자녀교육에 독일이 가장 알맞다는 결정을 내렸다.

어머니에게 말씀드린 목사를 그만두는 세 번째 이유는 간단했다.

나의 사명이 있고 그 사명을 이루지 않으면 평생 후회할 것이라 했다. 죽을 때 후회를 남기고 싶지 않다는 것. 이것이 내가 부모님을 설득한 마지막 이유였다. 다행히 부모님은 나의 결정을 존중하셨고 힘닿는 대로 후원해 주시겠다고 하셨다.

목사가 이런 일 할 수 있겠어?

목사를 그만두고 3개월이 지났다. 그만두고 3개월까지 사역하던 교회에서 사례비를 지원해 주었기 때문에 어느 정도 버틸 수 있었다. 이 책을 통해 교회와 당회의 결정에 감사를 드린다.

그러나 예수전도단 훈련을 하기 위해서는 아직 3개월이라는 시간이 더 남아있었다. 더군다나 둘째가 태어나 나가야 할 돈이 더 쌓여만 갔다. 이러한 흐름이면 다들 "기도했더니 문 앞에 쌀이 있더라.", "기도했더니 누군가 돈을 주고 가더라."라는 레퍼토리를 예상하겠지만 전혀 그런 것은 없었다. 기대도 안 했을뿐더러 별로 그런 것을 원하지도 않았다.

현실은 냉혹했다. 목사를 노동자로 보지 않으니 퇴직했다고 정부에서 돈을 주는 것도 아니었다. 퇴직하고 알았지만 교회가 목사들의 연봉에서 세금을 직접 내면 퇴직금을 노동청을 통해서 받지만, 개인이 세금을 내면 교회가 법에 따른 절차로 목회자 개인에게 퇴직금을 내지 않아도 된다. 만약 목사라면 교회가 세금을 내는 것을 꼭 교회가 내는 것으로 하기를 추천한다. 이것도 개인이 맘대로 할 수 없는 일이긴 하지만 말이다. 아무튼 개인이 세금을 내면 분명 기타소득으로 잡히는데 그럼 교회가 정당한 법에 따른 퇴직금을 주지 않아도 되기 때문이다. 되도록 교회를 정할 때, 교회가 세금을 납부하는 방향으로 가길 추천한다.

아무튼 구청에 복지과에 찾아가 면담을 해보았지만, 복지혜택 대상이 아무것도 안 된다는 말만 듣고 나올 뿐이었다. 그렇다고 다시 교회에 가서 일하기에는 3개월만 일할 곳을 찾는 것도 불가능했다.

정말 그때는 눈앞이 캄캄하다는 뜻이 무엇인지 알았다. 마치 돛단배 하나 의지해 태평양에 떠 있는 기분이랄까? 혼자 타면 괜찮지만 나 말고 3명이 다 나만 바라보고 있다고 한다면 막막함과 책임감은 더 심해졌다. 광야에 나와 마주한 첫 무서움이었다.

그래도 3개월 까짓것 돈 못 벌겠냐고 외치며 당당히 핸드폰에 각종 어플을 깔았다. 알바천국, 알바몬, 사람인. '그래도 대형교회에서 사역한 경력도 있고 학벌도 석사를 마친 사람인데 까짓것 200만 원은 벌겠지' 속으로 호탕하게 말하며 아르바이트 자리를 내려가며 하나하나 읽어갔다. 한 시간 책상에서 쪼그려 쪼그마한 글자들을 꼼꼼히 읽어보며 아르바이트 자리들을 골라가며 읽었다.

'아이고…. 이건 최저시급밖에 안 주네', '어라. 35세 이상은 안 뽑아', '아…. 이건 너무 힘들잖아', '아… 이건 너무 거리가 머네', '아… 이건 너무 시내야.', '누가 보면 어떡해'. 그렇게 세 시간을 알바 어플들을 켜서 검색하며 나에게 알맞은 아르바이트 자리를 찾은 개수는 0개였다.

목사라는 기준을 가지고 생각하면 할 수 있는 일들이 정말이지 하나도 없었다. 그렇게 허송세월하며 지내다가 통장의 잔고가 바닥이 날 때쯤, 아내가 넌지시 말을 꺼냈다.

"이제 좀 일을 나가야 할 것 같아."

그 말을 듣자마자 깨달았다. 내가 지금 무언가 잴 때가 아니구나. 뭐라도 하지 않으면 가족이 굶어 죽겠구나. 뭐라도 해야 한다는 압박감에 근처에 있는 알바 구함에 전화도, 문자도 하면서 이력서를 넣었다.

나이: 36세, 성별: 남, 거주지: 안양 동안구, 이력: 없…음.

그래도 교역자로 8년을 살았고 그래도 대형교회에서 사역했는데 고작 알바를 구할 때 교회에서 한 경험들은 이력은 아무 소용이 없었다.

36세의 나이는 이미 세상에서는 중년이라 보았고 '남자'라는 것과 '가까운 거주지'라는 것 빼고는 별 볼 일 없는 한낱 아저씨일 뿐이었다. 알바를 지원하는 문자에 "저는 목사입니다."라고도 말할 수 없으니 목사의 경력은 교회 밖에서는 없는 것이나 마찬가지였다.

그래도 시급 2천 원 더 주는 고깃집 아르바이트 면접을 보러 갔다. 나보다 한참 젊은 20대 사장이 날 면접하면서 성실하게 할 수 있겠냐는 질문과 고객에게 친절해야 한다는 훈계를 1시간 듣고 추후 연락해 주겠다는 말만 들은 채 집에 돌아왔다. 그렇게 고깃집 알바 연락을 기다렸는데 아무런 답이 없었다.

나중에 알고 보니 뽑을 사람은 3일 내로 연락을 주고 1주일 연락 없으면 탈락한 거라는 걸 알았다. 적어도 문자라도 줄줄 알았지만 알바에게 그런 예의를 차리는 세상이 아니었다.

그렇게 며칠이 지났을까? 집 앞 바로 건너편에 알바를 구한다는 소식이 올라왔다. '편의점 성실한 알바 구함'. 구인을 보자마자 전화를 걸었고 다음날 편의점 사장님을 뵈러 가게에 들렀다. 고작 알바 자리 하나 구하는데 얼마나 떨렸는지 모른다. 남들 다하는 알바를 30대 중반이 되어야 하려 보니까 가게에 들르는 것조차도 엄청나게 긴장했었다. 한숨을 한번 크게 쉬고 가게 들어갔다.

   멀뚱히 바라보는 아르바이트생이 "어서 오세요."라고 말이 끊어짐과 동시에 내가 기어가는 목소리로 대답했다.

"알... 알바 자리 보고 왔는데요."

내 말이 떨어지기가 무섭게 알바생이 구석을 쳐다보며 외쳤다.

"사장님, 알바 구하러 오셨다는데요!"

   멀찌감치 대답하며 오시는 70이 다되어 보이시는 할아버지 한 분이 나를 위아래로 훑어보며 멍한 눈빛으로 바라보시더니 한마디 던지셨다.

"몇 살이여?"
"36입니다"
"사는 곳은?"

"바로 앞 아파트인데요."
"얼마나 할 수 있어?"
"제가 내년에 바로 해외를 가서 3개월 정도요."

질문과 답이 오간 뒤 다시 사장님은 나를 다시 위아래로 훑어보며 튕기는 듯 건조한 말투로 말했다.

"이력서는? 갖고 왔어?"
"네? 이력서요? 아니, 알바에 무슨 이력서를?"

내 질문에 사장님이 헛웃음 지으시더니 말씀해 주셨다.

"요새 알바를 구하는 사람들이 너무 많아져서 알바도 이력서 보고 경력 보고 뽑아. 이력서 안 가져오면 알바를 뽑아줄 수가 없어."

내 손은 빈손이었다.
사회 경험이라고는 교회 사역이 전부였다.
사장님은 말을 이어갔다.

"일할 거면 이력서를 당장 가지고 와서 내일이라도 와서 배워."

나는 사장님께 짧게 "아.... 네."라고 말하고
편의점을 나왔다.

집에 돌아와 이력서 양식을 한 장 출력해 물끄러미 빈칸을 멍하니 바라봤다. 교회에서 이력서 낼 때는 그렇게 쓸 게 많더니 편의점 알바 지원에 이력서에는 쓸 게 하나도 없었다. 아니 자신 있게 쓸 게 없었다는 것이 맞는 말일 것이다. 순간 부끄러웠다.

목사를 그만두고 이런 알바 자리를 구한다는 것도 부끄러웠지만 그간 내가 목회자로서 쌓아온 경력이 한 줄도 들어갈 수 없다는 것, 그리고 써 봤자 대학 학력과 운전면허증 정도라는 것이 나 자신을 너무 초라하게 만들었다. 그렇게 대학 학력과 운전면허증만 적힌 이력서를 보며 한참 생각했다. 참고로 신대원 과정은 정식 석사 과정이 아니라 쓰지를 않았다.

물끄러미 바라보며 내가 얼마나 교회라는 우물 안에 갇혀 살았는지를 깨달았다.

'이력서 칸에 뭐하나 적을 것도 없으면서
난 무엇을 그렇게 거들먹거리며 살았을까?
그동안 내가 작게 본 직업에도 나는 견줄 게 없구나.'

이력서 한 장에 마지막 남은 교회 이력서용 명함 사진을 마저 붙이고 내 신상과 별 볼 일 없는 이력이 적힌 종이를 다시 물끄러미 바라보았다. 명함 사진과 이력서 내용은 따로 놀았다. 8년의 사역의 결실이 이력서에는 보이지 않았다. 세상에는 존재조차 하지 않은 것처럼 보였다. 아니 어찌 보면 사람들이 보기에 없는 것처럼 살았는지도 모른다. 빈 공간을 쳐다보며 지난 8년을 되돌아봤다.

'이렇게 백지만 남을 것을 난 뭐라고
그렇게 악을 쓰고 발악하며 살았을까?'

교육전도사 되려고, 전임전도사 되려고, 목사가 되려고 그렇게 안간힘을 쓰고 억지로 살던 내 모습이 너무나도 허망해 보였다. 고작 글자 몇 자도 끄적거리지 못할 내 이력에 그렇게 인생을 쏟아부었던 나 자신에게 미안하기 시작했다.
그리고 그날 밤 홀로 방에 책상에 앉아 속으로 흐느껴 울었다.

다음날 오후 아르바이트 시간에 맞추어 2시 30분쯤 편의점을 찾아갔다. 편의점 뒤편에 조그마한 창고에서 사장님과 마주 앉아 면접 시간을 다시 가졌다. 텅 빈 이력서를 보시더니 다시 내 얼굴을 쳐다보시고, 다시 이력서를 보시더니 이번에는 나를 째려보며 이렇게 물어보셨다.

"목사여?"

정말 8년 목회자로 지낸 기간에, 아니 예수님을 믿기 시작한 이래로 목사에 '님'자 빼고 들어온 일은 이번이 처음이었다. 조금 어이가 없었지만 아무래도 학부 과정에 신학교로 되어있으니 '목사냐'고 직감적으로 물어본 것 같았다.

그래도 그게 사실이기에 나도 바로 대답했다.

"네. 목사 맞습니다."

내 입에서도 목사에 '님'자 빼고는 처음으로 말해봤다. 목사냐는 질문과 목사라는 답 이후에, 사장님은 잠시 나를 빤히 쳐다보시며 10초 정도 가만히 계시더니 나에게 다음과 같이 딱 하나의 질문을 하셨다. 난 아직도 이 질문의 의도나, 이 질문을 도대체 내가 어떻게 받아들여야 하는지 모르겠다. 질문이 무엇이냐면 바로 이것이다.

"목사가 이런 일 할 수 있겠어?"

목사가 이런 일을 할 수 있냐니? 도대체 무슨 뜻일까? 지금도 솔직히 이 사장님께 질문의 의도를 너무 묻고 싶다. 목사가 이런 일을 할 수 있냐니? 내 귀에는 이 말이 이렇게 들렸다.

"거룩하게 자리에 앉아서 대접만 받는 목사가 이런 더럽고 어려운 일을 할 수 있겠어?"

그래서 기분이 나빠 바로 답했다.

"사람이 하는 일인데요. 당연히 할 수 있습니다."

다행히 내일 인수인계를 하러 30분 일찍 오는 것으로 면접은 통과되었다. 후에 이야기를 들어보니 3개월만 하는 사람은 뽑지 않지만, 그래도 성실할 것 같아서 뽑았다고 했다. 그렇게 목사를 그만둔 송하용의 첫 알바 합격이었다.

집에 돌아와 합격의 소식을 가족에게 전하고 소소한 파티를 했다. 모두가 잠든 밤, 자려고 누웠는데 내 머릿속에 사장님의 질문이 떠나지 않고 맴돌았다.

"목사가? 이런 일 할 수 있겠어!?"

내 영인가? 아니면 촉? 아니면 감? 내 모든 세포가 이 질문은 단순히 사장님 입에서 나온 말이 아닌 것을 알았다.

자다가 일어나 방에 들어가 이 질문을 적었다. "목사가 이런 일을 할 수 있겠어?" 도대체 이 질문에 내가 무엇을 깨달아야 할까? 목사는 도대체 세상에서 어떻게 인식되어 있길래 편의점 알바 하나에도 할 수 있겠냐는 냉소적인 질문을 받아야 할까?

목사는 이보다 더 더럽고 어려운 일들도 할 수 있어야 하는데 그러한 사역도 많고 타국에서 선교하는 선교사님들도 이러한 더러운 환경에서 사시는데 도대체 이 질문을 어떻게 받아들여야 할까?

이 질문을 밤새 묵상한 후 내가 내린 결론은 간단했다.

첫째, 세상 사람들이 보기에 목사는 그런 일은 안 하는 사람이라고 인식된 것이다. 교회를 다니지 않아도 성경을 읽지 않아도 그저 상식적으로나 기본적인 지식으로 아는 목사는 그런 일은 안 하는 부류라는 거다.

둘째는 적어도 세상 사람들은 목사가 그런 일을 하는 것을 본 적이 없다는 것이다.

그리고 마지막으로 목사가 아니면 그런 일을 할 수 있는 것이다. 마지막 답이 내가 하나님께 직접 얻는 답이었다.

밤새 한 문장에 질문을 가지고 멍 때리며 묵상하는데 마음 한 켠에 조용한 음성이 들려왔다. 너무 건성이었지만 매우 강한 어조로 나에게 말을 걸어왔다.

'목사가 아니면 되는 거 아니야?'

어이없지만, 사실이었다. 매우 간단하지만 가장 정확한 답이다. 목사가 아니기로 했으니 목사만 아니면 저 질문에 확실하게 답할 수 있다. 목사가 아니면 그런 일도 당연히 할 수 있는 것이다. 그러므로 난 그런 일, 당연히 할 수 있는 것이다.

다음 날, 출근하여 인수인계를 받고 있을 때 사장님이 다가오셔서 다시 물으셨다.

"목사가 하기 힘든 일인데, 괜찮겠어?"

난 사장님에게 덤덤하고 단호한 채, 웃으며 말했다.

"저 목사 그만뒀어요. 할 수 있어요. 걱정 마세요."

그러자 사장님은 허허 웃으시며 아니 왜 그만뒀냐는 질문만 하시고는 다시 일을 하러 가셨다. 아내 되시는 점주님도 내가 목사였다는 소식을 듣자 인수인계시에 옆에 계시며 이것저것 물어보셨다. 그래도 자초지종을 들으시더니 한 가족처럼 대해 주셨다.
정말 감사한 것은 그 이후로 내 옆에서 교회에 대한 이야기나 궁금한 점에 대해서는 단 한마디도 묻지 않으셨다는 것이다. 아마도 그게 예의라고 생각하셨던 것 같다.
편의점에서 내가 목사가 아닌 알바생으로서 한 일은 라면 찌꺼기 비우기, 2시간마다 바닥 청소하기, 물건 들어오면 진열하기, 빈 상품 채워 놓기, 손님 응접하고 계산하기였다. 그렇게 총 1년이 안 되게 일을 했다. 쿠팡으로 직장을 옮기게 되면서 편의점을 그만두게 되었다. 최저임금 등 기타 사유로 인해 편의점에서 일해서 버는 돈으로는 먹고 사는 데는 지장이 있기 때문이었다.

그렇게 마지막으로 근무하고 사장님과 점장님께 인사를 드리고 같이 일하던 동료들과 작별 인사도 하고 그렇게 편의점 알바 첫 이력을 마치게 되었다. 목사가 세상에 나와 일반인으로 남긴 이력이어서 더 뜻깊게 느낀 경험이었다.

편의점 알바를 그만둔 후에 회사로부터 몇 가지 공지 사항이 왔다. 내용인즉슨 내 알바 경력이 인정되고 혹 본사 근무 지원 시에 플러스 요인이 된다는 내용이었다. GS25라는 거대 기업이 내 목회 경력보다 짬통 비우는 경력을 더 인정해준 것처럼 보였다. 대기업에 내가 지원할 일은 없지만 그래도 짬통 버리는 일도 인정하는 세상 기업이 교회보다 낫다고 생각했다.

하나님이 고객이라면?
(젤리편)

 편의점은 다양한 상품들이 나열되어 있는데 간단하게 설명하면 가장 싼 제품을 하단에 두고, 고가의 제품을 상단에 놓는다. 사람의 눈높이에 두는 것들은 대부분 고가이거나 가장 잘 팔리는 제품을 진열하게 된다.

 그래서 만약 오백 원짜리 젤리나 사탕을 찾으려면 과자나 사탕류 전시대에서 제일 바닥을 보면 쉽게 찾을 수가 있다. 그래도 편의점 알바 1년 경력 보유자로서 얻은 지혜다. 그 오백 원짜리 젤리 이야기로 다음의 이야기를 이어갈까 한다.

 하루에 한 번은 진열할 상품을 유통업체에서 받아서 진열한다. 편의점마다 다르지만 대개 오후에는 커피, 우유, 음료, 젤리, 사탕 종류가 들어오고 때에 맞추어 진열해야 했다. 그럴 때마다 매번 갈아줘야 하는 제품이 바로 오백 원짜리 젤리 제품들이다. 이런 것들이 팔리나 싶지만, 하루가 안 돼서 다 팔리는 걸 보면 매장에서 은근 인기 메뉴다. 포장도 그렇고 내용물도 오백 원짜리에 불과하지만 아이들부터 어른들 안주용으로 아침부터 저녁까지 팔려나간다.

그럼, 상단에 위치한 제품들은 어떨까? 삐까뻔쩍하게 포장된 제품들, 대부분 3만 원에서 5만 원 사이의 제품들이다. 인형이 포함된 제품이거나 자양강장제 같은 제품들도 있다. 이런 제품들은 이벤트가 지나면 다시 반품 처리하거나 유통기한이 지나면 본사에서 회수해 간다. 내가 아르바이트한 기간 동안에 이런 제품들을 팔아본 것보다 반품 처리한 것이 더 많았다. 비싸도 아무리 멋져 보여도 손님이 안 사가면 쓰레기가 되어버렸다.

그렇게 하루 종일 서서 일과를 마치고 집에 들어오는 길에 아이들 먹으라고 오백 원짜리 젤리를 몇 개 사 왔다. 피자 모양과 햄버거 모양의 엄지손톱만 한 놈이었지만 고 녀석 맛이 꽤 괜찮았다. 모양은 젤리에 물감을 칠해 놓은 것 같지만 입에 들어가니 새콤달콤하니 참 맛이 있었다. 딸도 먹으면서 또 먹고 싶다고 할 정도로 좋아했다. 가격도 오백 원이니 다음에 살 때에도 부담 없이 집을 수 있었다. 이것저것 먹으며 포인트로 구입해도 될 정도의 가격대이니 참 괜찮은 제품이라 생각했다.

딸과 함께 젤리를 오물거리며 갑자기 예수님과 함께한 사람들과 물건들이 생각났다. 예수님이 쓰셨던 사람들은 지극히 평범했고 가난했으며 물건들은 대부분 이 젤리처럼 가격이 싼 것들이었다. 그는 가격이 싸고 부담이 없는 것들, 그리고 외관보단 내용에 진심인 그런 사람과 그런 물건을 참 좋아하셨다. 사람과 물건만 그러셨을까? 예수님이 당시에 입고 다녔던 패션만 보더라도 그가 얼마나 싼 티가 나 보였는지 알 수 있다.

(마태복음 11장 / 개역개정)
8. 그러면 너희가 무엇을 보려고 나갔더냐 부드러운 옷 입은 사람이냐 부드러운 옷을 입은 사람들은 왕궁에 있느니라

요한이 제자들을 보내어서 "예수가 그리스도인가?"를 물어보는 질문에 예수님이 대답한 내용 중 하나다. 그렇다. 예수님이 입은 패션은 누가 봐도 그리스도로 보일 정도가 아닌 것을 떠나서 너무 허름했다는 뜻이 아닐까? 그 내용을 안 예수님은 자신이 입은 옷을 빗대어 비단옷을 입은 사람을 찾으려면 왕궁으로 가라는 말을 했을 것이다. 중요한 것은 옷에 있는 게 아니란 뜻이다.

예수님이 성전에 들어가실 때도 말이 아닌 나귀를 타셨다. 왜 그러셨을까? 물론 구약의 예언을 성취해야 했기 때문에도

그렇지만 예수님은 살아생전에 나귀를 더 많이 타셔서 익숙해져서 그런 것이 아닐까? 다시 말하면 사용하기에 편한 것이었다. 과연 나귀만 그랬을까? 인간관계는 어떠셨는가? 그가 처음으로 제자를 삼은 사람들은 다 어부들이었다. 몇 명은 열심당원이었다. 한 명은 세리였고 한 명은 돈을 관리하는 자였다. 어딜 봐도 편의점에서 오만 원짜리라고 생각하지 못할 사람들이었다.

그런 나귀와 12 제자를 예수님은 선택하셨다. 왜일까? 편의점 용어로 바꿔서 말하자면, 구입하기 부담이 없으니까! 예수님이 쓰겠다고, 예수님이 같이 가자고 했을 때 부담 없이 바로 따라올 사람들이었으니까 그랬다. 실제로 13번째, 14번째, 15번째 사도가 될만한 사람들이 있었다.

예수님은 성경에 12 사도 외에 "나를 따라오너라"라고 사도로 초청한 사람이 더 있었다.

(누가복음 18장 / 개역개정)
22. 예수께서 이 말을 들으시고 이르시되 네게 아직도 한 가지 부족한 것이 있으니 네게 있는 것을 다 팔아 가난한 자들에게 나눠 주라 그리하면 하늘에서 네게 보화가 있으리라 그리고 와서 나를 따르라 하시니 23. 그 사람이 큰 부자이므로 이 말씀

을 듣고 심히 근심하더라

이 사람은 관리였다. 그가 예수님에게 자신은 율법을 모두 다 지켰다며 먼저 자신의 이력을 상세히 말한다. 훌륭한 인재다. 옆에 두면 괜찮을 진열대 상단에 있는 오만 원짜리 제품이다. 그러나 예수님이 쓰시기에 부담스러우셨나 보다. 그에게 가진 것을 다 버리고 따르라 하자 그가 큰 부자이므로 근심했다고 나온다. 그 근심을 본 예수님도 그를 사도로 선택하시기에 부담스러우셨을 것이다. 아니 그런가. 그래서 그는 그저 이름도 없이 성경에서 사라지고 만다.

손님이 구입하기에 부담스럽지 않지만, 그 내용은 알찬 사람. 즉, 손님이 구매한 후 그 값만큼의 내용을 가진 사람, 예수님은 그런 사람을 쓰셨다. 아마 지금도 예수님은 다르지 않을 거라 본다. 마치 편의점에 들어와 사기 부담 없는 제품을 고르는 손님처럼 이 세상에 오셔서 그런 사람을 지금도 찾으시지 않을까? 500원이라도 주님이 쓰시는 사람 말이다.

언제쯤인가? 이전 교회 후임자가 연락이 와서 퇴근 후 집 근처에서 식사하게 되었다. 나도 알바 후에 어느 정도 시간을 맞출 수 있어서 함께 만나기로 했다. 내가 사임한 지 2년이 지났지만, 그 교회에 교구 목사는 그대로라고 했다. 다들 담임목사를 나가야 할 나이이지만 대형교회라는 이력과 자부심 때문에 교회를 보는 눈을 좀처럼 낮추지 못하고 있다고 했다. 적어도 자기가 사역한 교회보다 약간은 낮은 교회 아니면 안 간다는 식이라고 투덜대는 말을 듣고 갑자기 편의점 상단에 오랫동안 안 팔려서 반품된 제품이 생각이 났다.

그리고 그 제품을 빗대어 이렇게 말했다.

"아무리 비싼 상품도 안 팔리면 도로 반품돼 버려."
"그래서 어떻게든 팔려고 가격을 낮추지."
"안 팔리는 것보단 낫거든."
"그렇게 비싸게 굴면 결국 아무도 안 사가더라고."

그렇게 차까지 마신 후, 밤늦게 헤어졌다. 씁쓸한 마음이 가시지 않았다. 나도 그 목사들처럼 교회를 옮기거나 교회를 고를 때 같았기 때문이다. 나라고 다를 게 없었다.
씁쓸한 마음을 안고 집에 가는 길 근처 편의점에 들러 마침 바닥에 진열된 500원 햄버거 젤리를 샀다. 입에 쏙 넣고는 오물거리며 집으로 돌아갔다. 500원짜리라도 하나님께 팔리는 인생이 되었으면 좋겠단 생각을 하면서 말이다.

하나님이 고객이라면?
(커피편)

내가 살았던 아파트는 딱 한 가지 단점이 있었는데 쉽게 갈 만한 카페가 없다는 점이었다. 오래된 아파트 단지라 단층 짜리 상가가 있었지만 어째서인지 카페는 그렇게 새로 입점하지 않았다. 어느 목사가 말했듯이 술 대신 커피로 음주가무를 즐기기에 카페가 가까운데 있는 것만큼 행복한 것도 없었다.

그날 편의점으로 출근하기 위해서 육교를 건너는 도중에 우리 아파트 상가에 카페가 생긴 것을 보았다. 카페 이름은 'MADE'였다. 난 그것을 흔히 '마데카페'라고 부르기 시작했다.

개업 효과로 카페에 손님들이 모이기 시작했다. 유치원과 학교나 주변에 몰려 있었기 때문에 등교와 하교를 위해 밖으로 나오는 학부모들만으로도 꽤 장사가 되는 듯했다. 나도 오전 근무를 마치고 지나가는 길에 커피를 사 먹었다. 아메리카노 한잔에 3,500원 정도였는데 어지간해서는 먹기 그런 평균

이하의 맛이었다. 한잔 마시고 들어오는 길에 아내가 자기도 그 카페 봤다며 커피 맛을 물어보았지만 내 커피를 한입 마셔본 후에 '아....'라는 말만 남긴 채 사라졌다.

다음날 상품을 새로 진열하고 있는데 점주님이 들어왔다. 그리고 건너편 카페를 보시더니 한숨을 쉬셨다.

"아이고! 저기 카페가 생겼네. 우리 커피가 팔릴까?"

건너편 원두 커피집이 생겨서 혹시나 편의점 커피가 팔리지 않을까 봐 걱정이셨다. 내가 근무한 편의점은 1,000원짜리 원두커피를 판매 중이었는데 그래도 하루에 10잔 이상 꽤나 팔렸다. 1,000원이라 가성비도 좋고 맛도 괜찮아 잘 나갔고, 원두의 회전율도 빨랐다. 우선 매장 직원은 원두커피가 무료였기에 맛은 보증할 수 있었다.

그렇게 걱정하는 점주님에게 지나가는 말로 내가 대답했다.

"걱정하지 마세요. 곧 다시 손님들이 여기로 올 거예요."

"아니? 뭘 믿고 그렇게 확신 있게 말해?"

"저기 맛이 없고 비싸요."

그래도 점주님은 아무리 맛이 없고 비싸다고 해도 사람들이 분위기에 이끌려 장사가 잘될 거라고 했다. 그러나 난 6개월만 두고 보시라고 코웃음 소리를 내며 대답했다.

정확하게 6개월쯤 되었을 때, 손님들이 다시 돌아오기 시작했다. 단골손님들 얼굴은 정확히 알고 있어서 누가 커피를 마시러 오시는지 확인할 수 있었다. 1,000원 커피를 주문하시고 매장 내에서 마시는 단골손님에게 환한 미소와 함께 왜 저기 카페에 안 가셨냐고 묻자 손님이 단박에 이렇게 말했다.

"어휴? 저기 맛도 없어요. 비싸기만 하고."
"차라리 여기 1,000원 커피가 훨씬 맛있어요."

그리곤 편의점 커피 한잔을 다 마신 후에 혼잣말로 중얼거리며 매장을 나가셨다.

"커피집이 커피가 맛없으면 누가 가."

그 카페는 얼마 안 돼 스스로 문을 닫았다. 문을 닫기 전에 나도 다시 한번 가서 마셔봤지만, 커피 맛은 더 나빠지긴 만 했을 뿐이었다. 커피집에 커피가 맛이 없는데 장사가 잘될 리가 없다. 단순한 진리를 새삼 다시 깨닫는 순간이었다.

그런데 만약? 커피를 마시러 온 손님이 하나님이라면? 참 재미있는 생각이 들었다. 하나님이 손님이라면? 그리고 우리가 손님이 주문한 커피라면? 아니면 하나님이 목사를 주문한 손님이라면? 목사는 무슨 맛을 내야 할까? 목사가 목사의 값을 하는 것은 무엇을 의미할까? 상품에 바코드를 찍고 물건을 계산하면서 한동안 생각했다.

'목사는 일을 잘해야 해.'

짧지만 두 교회를 거쳐 가면서 들었던 말이다. 지금도 이해는 안 되지만 목사는 일을 잘해야 한다고 듣고 배웠다. 공무원이야 일을 잘하는 게 맞지만, 목사가 일을 잘해야 한다니 이해가 잘되지 않았다.

그러나 목사들 사이에서 누가 일을 많이 맡고 맡은 일의 양이 얼마나 많은지에 따라 좋은 목사의 기준이 되었다. 나는 그리 일을 많이 맡지 않는 목사 중의 하나였다. 그래서 그런지 목사들끼리 모이면 언제나 일이 적은 목사, 그 말은 별로 능력이 없는 목사라는 것이다. 그렇게 자신의 분량보다 넘치게 일을 하면서도 결과는 잘 내는 목사가 좋은 목사로 평가되었다.

목사란 무엇일까?
내가 언제나 고민했던 질문이다.

도덕적인 면으로 보면 산에 머리 깎고 들어간 스님들보다 못할 것이다. 결혼도 안 하고 주님을 위해 인생을 바치는 신부님들에 비하면 어떨까? 세상에서 목사는 어찌 보면 어정쩡한 위치에 서 있는 그런 존재였다. 마치 신교와 구교 사이에 서 있는 공통분모라고 해야 할까?! 그래도 목사가 하나 다른 것이 있다면 설교였다.

가톨릭과는 다르게 개혁교회는 목사가 직접 읽은 성경에서 스스로 하나님의 말씀을 독립적이고 자주적으로 설교할 권한이 있었다. 그래서 대부분 주요 교단들은 설교는 목사가 담당하고 있다.

실제로 장로교에서는 설교는 장로와 목사를 가르는 중요한 기준이 되기도 한다. 1시간 예배에 50%를 설교가 담당한다. 그리고 그 설교는 목사가 담당한다. 이렇게 보면 목사는 설교를 하는 사람이라 정의할 수도 있는 것이 아닐까? 예배의 절반을 담당하는 자, 그리고 그 절반이 설교라면 목사는 설교로서 당연히 평가되는 것이 맞다는 생각도 든다.

쉽게 말해, 목사가 커피라면 커피 맛은 설교이다. 커피를 마셨는데 생선 맛이 나면 안 되듯이 목사를 마신 하나님이 설교가 아닌 일의 맛이 난다면 얼마나 어이가 없으실까.

그래서 난 언제나 일이 아닌 설교가 중요하다고 생각했고 설교는 얼마나 성경을 바르게 연구하고 이해하는가에 달렸다고 말하곤 했다. 내가 이렇게 말하면 다들 고개를 끄덕이면서 성경을 아는 것보다 일을 잘하는 것이 중요한지 다들 일에 매달렸다.

그리고 내가 일을 얼마나 잘했느냐는 내가 제출할 이력서에 한 줄로 들어간다. 예를 들어, OO 교회 부목사 (찬양대, 비서 담당), 이렇게 말이다. 내 일의 능력이 상중하인지는 이력서에 적지 않는다. 그저 내가 한 일에 대한 사실관계만 적을 수 있다. 이력서는 대부분 1차에서 마무리가 된다. 만약 담임목사 초빙이라면 2차는 설교 시험이다. 설교는 한 줄로 요약되지 않는다. 언제나 그렇듯 30분이고 그 안에 모든 것을 쏟아내야 한다.

그러나 설교라는 것이 특성상 갑자기 닥친다고 명품 설교가 나오는 것이 아니다. 그가 살아온 날들 속에서 얼마나 성경을 연구했고 설교에 힘을 썼는지가 보여주는 것이다.

'마데커피'집처럼 인테리어는 화려하고 커피를 담는 용기는 화려할지언정 그 안의 커피가 맛이 없다면 손님은 찾아오지 않는다.

하나님이 목사인 나를 주문하시고 무엇을 원하실까? 일? 업무 능력? 화려한 스킬? 혹시 만약 그렇게 생각하신다면 하나님은 이렇게 말씀하실 것이다.

"저.... 공무원 안 키우는데요."

워킹(Walking)맨
예수 그리스도

내가 일했던 편의점에서는 아침 8~9시 사이에 학부모들이 자녀들 등교를 마친 후 간단하게 커피를 사서 담소를 나누기도 하고 정오 12시에는 버스 기사들과 주변 어르신들이 점심거리를 사거나 담배를 사러 들르기도 한다. 오후 3시에는 초등학생들이 학교를 마치고 나오면서 간단한 주전부리를 사기도 하고 오후 7시부터 밤 10시는 퇴근하는 사람들이 하루를 행복하게 마감할 술과 안주를 사러 편의점에 찾아온다. 이러한 것을 다 아는 이유는 내가 모든 시간대에 알바를 다 해보았기 때문이다.

다양한 세대가 찾아오는 편의점에서 내가 가장 관심을 많이 가졌던 세대는 아동과 청소년이었다. 초등학교의 학생들 중에 대부분은 편의점을 그냥 지나치는 법이 없었다. 친구가 있어서 들르고 때론 더워서, 때론 무료 와이파이 때문에, 때론 간식을 먹으러 편의점을 찾았다. 그중에 단골손님이 약 12명이 있었는데 이 아이들은 등교할 때 한 번, 점심시간에 한 번, 그리고 하교 후에 한 번, 그리고 저녁에 약 두 번, 하루에 5번 정도를 들른다. 그 와중에 저녁에 두 번 들를 때는 언제나 라면과 음료, 그리고 삼각김밥으로 배를 채우는 게 대부분이었다. 저녁 9시까지 집에도 안 가고 라면으로 식사를 때우는 모습이 좀 안타까워서 라면을 먹는 아이들에게 물었다.

"너희는 집에서 밥 안 먹니?"

"엄마가 학원 끝나고 밥 해결하고 들어오래요."

이래저래 아이들과 대화 속에서 많은 것을 깨달았다. 아이들은 학교를 마치면 저녁 10시가 될 때까지 학원에 다닌다. 영어, 수학, 코딩, 미술, 웅변 피아노. 그 아이들은 부모님이 주신 용돈으로 하루 끼니를 편의점에서 해결하며 지내는 것이다. 일주일 내내, 학교와 학원만 다니는 아이들. 인스턴트 요리들로 끼니를 때우는 아이들은 누가 봐도 바쁜 직장인 같아 보였다. 그 바쁜 가운데에서도 스트레스를 풀려면 휴대하기 간편한 핸드폰 게임이 제격이었다.

"너희들 힘들지 않아?"

"힘든데. 학원 안 다니면 엄마한테 혼나요."

"너희는 커서 뭘 하고 싶냐?"

"그런 거 잘 모르겠는데?"

알바를 하는 동안, 그 아이들과 꽤나 많이 알아갔다. 학원은 무슨 학원에 다니는지, 학원을 안 다니면 무엇을 하고 싶은지. 어떨 때 가장 행복한지, 꿈이 뭔지, 그런 거 말이다. 그리고 가끔 그 아이들에게 그저 인생을 먼저 산 선배로서 조그마한 조언을 해주기도 했다. 주중에 아이들과 만나는 시간마다 아이들의 생활, 생각 등 다양한 것들을 알게 되었다. 아무래도 목사가 아닌 편의점 형으로 만나니 더욱 잘 알게 된 것 같다.

저녁 7시와 10시는 퇴근하는 사람들로 줄을 선다. 얼굴만 봐도 직장에서 무슨 사건이 있었는지 알 수 있었다. 그들에게 힘이 되는 것은 4캔에 1만 원인 편의점 할인 행사였다. 거기에 가끔 소주 한 병 무겁게 들고 가는 직장인들의 뒷모습이란 참

아련하기도 했다. 가끔은 늦은 밤이라도 집에 전화해 미처 구매하지 못한 반찬거리를 물어보는 아버지들도 있었다. 술에 담배는 기본이었다. 주전부리를 사가는 모습에도 어떻게든 오늘만 버텨보자는 아우라가 느껴졌다.

아침에는 아이들을 등교시키고 짬을 내서 커피를 사 가는 어머니들로 북적였다. 2,000원짜리 컵 커피를 사 먹으며 아이들의 공부와 미래를 위한 담소로 편의점은 가득 찼다. 시끄럽다. 대부분 유치원 학부모가 대부분이었지만 이미 그들의 대화 속에는 고3 저리 가라 할 정도의 계획들을 서로 나누고 있었다.

그들 중에 신기하게 어느 사람도 교회에 관한 이야기나 복음을 나누는 대화는 전혀 듣지 못했다. 혹시 교인이 없어서 그렇게 생각하는 것이 아니냐고 묻는다면, 가끔 핸드폰으로 결제하는 사람들 중에 배경 화면이 성경 문구로 지정된 사람들도 많았다.

아이들 중에는 교회에서 보자는 애들도 있었고 술을 사 가는 사람들 중에도 교회에서 걸려온 상담 전화를 받기도 했다. 교회에서는 하지 못했던 행동도, 말도, 그리고 교회에서는 볼 수 없었던 세상 찐 삶을 교회 밖 편의점에서 봤다. 만약 내가 목회할 때 이것을 미리 알았다면 좀 더 많은 패러다임의 전환이 있었을 텐데 전도사, 목사일 때 좀 더 세상에 자신 있게 나가지 못했던 것이 아쉬웠다.

교회 밖에서 많은 것을 깨달은 후에 왜 예수님이 그토록 도시와 마을에 걸어 다녔는지 알 수 있었다.

마태복음 9장 35절
예수께서 모든 도시와 마을에 두루 다니사…

예수는 말만 하여도 백부장의 하인을 고칠 수 있는 분이셨다. 실제로 그는 하나님이시기도 하였으니 흔히 우리가 영화에서 보는 히어로들과 같이 레이저 빔을 쏴서 고칠 수도 있었을 것이다. 그런데 예수님은 언제나 기적을 행하시기 전에 첫째, 걸어가셨고, 둘째, 만나셨고, 셋째, 그들에게 질문하셨고, 넷째, 그들을 만지셨고, 다섯째, 고치셨다.

이러한 예수님의 행적은 요한복음에서도 다르지 않다. 그는 가지 말아야 할 곳도 다니셨다. 그리고 사람들을 만나셨다. 예수님의 사역은 간단했다. 그는 두 발로 사람들이 있는 곳으로 가셨고 그들을 들으시고 그들에게 말씀하시고 그들을 만지시고 그들을 고치셨다. 예수님은 단 한 번도 생각만으로 앉아있으며 무언가를 하지 않았다. 단 한 번도 예수는 초능력을 사용해 텔레파시 같은 것으로 능력을 행하지 않았다.

단순하게 지나치던 이 구절이 어느 순간 내 마음속을 파고들었다. 예수님이 모든 마을을 다니셨다니. 예수님에게는 사무실도, 서재도 없었다. 그는 사무실이라고 할만한 곳이 없었다. 사람들을 줄 세워 만나는 장소도 없었다. 그는 사람들을 만나러 직접 찾아갔다. 예수님은 가만히 있어도 사람들이 찾아오거나 모셔 갈 만한 영향력이 있는 분이지만 그는 그가 직접 발로 마을로 들어가 사람들을 찾아다녔다. 왜일까? 거리에서 만난 사람들의 진짜 삶을 보아야 삶의 변화가 일어났기 때문이 아닐까?

사마리아 여인이 나오는 요한복음 5장에 보면 예수님이 3가지 금기를 어긴 것을 보게 된다. 첫째, 가지 말아야 할 곳에 있었다. 둘째, 여성과 단둘이 있었다. 셋째, 시간상으로 볼 때 좋지 않을 때이다. 솔직히 다들 아는 내용이니 짧게 설명하면 사마리아는 유대인이 절대로 가지 않는 지역이었고 거기다가 사마리아 유부녀 여성과 단둘이 계셨으며 시간적으로 해가 중천에 떠 있는 시간이니 사람들도 주변에 없었다.

그런데 왜 예수님은 그곳으로 걸어가셨을까? 그곳이 사마리아 여인이 자기를 100%로 보여주는 장소였기 때문이 아닐까?

사마리아 여인은 자신이 있는 그 장소에 오신 예수님에게 두 가지 자신의 진짜 모습을 보여준다. 하나는, 자신이 5명의 남자와 결혼한 사실이 있다는 것과 그런데도 자신은 여호와 하나님을 예배하기를 원한다는 것이다.

그러자 예수님의 입에서 우리가 예배드릴 때마다 매일 읊는 성경 구절이 나온다.

"영과 진리로 예배할 때가 오나니"

우리가 그토록 원하는 영과 진리의 예배는 바로 가지 말아야 할 곳, 만나서는 안 될 사람, 있어서는 안 될 시간에서 탄생되었다. 만약 예수님이 그곳에 가지 않고 가만히 계셨다면 우리는 이 구절을 만나지 못했을 것이다.

예수님을 통한 진정한 예배의 선포는 이렇게 시작되었다.

"하나님은 영이시니 예배하는 자가 영과 진리로 예배할지니라" (요 4:24, 개역개정)

우리 교역자들의 예배는 어떻게 시작될까? 온종일 사무실에 앉아서 성경 구절을 가지고 5~6페이지 11포인트로 3대지 설교를 짠다고 나오는 것일까? 교인들의 예배가 교회에서 차분히 앉아 교양있게 행동하는 곳에서 탄생할까? 7시 30분, 9시 30분, 11시 30분, 1, 2, 3부 예배 시간에 이루어지는 것일까? 아니다!

진정한 예배는 예수님처럼 성도들의 세상에 과감히 들어가 성도들이 보이기 싫은 모습과 삶 속에서 만날 때 비로소 일어나는 것이다.

"여러분, 힘드시죠! 걱정하지 마세요! 하나님이 힘주십니다!"

"친구 여러분, 학원보다 교회가 중요해요!"

"여러분, 하나님이 함께하세요."

이 깨달음 후에 교회 사무실에 앉아서 목사라고 교인들 대접받으며 11포인트에 5페이지 설교 원고만 읽기만 하고, 마치 성도들의 어려움을 내 어려움과 동일시하며 위선을 떨었던 내 모습이 너무 역겨웠다.

　뉴스 기사나 누구에게 이야기만 들었을 뿐, 교인들이 있는 장소에 나는 가지 않았다. 심방을 가도 교회나 식당에서 만났고 집 안에서도 격식 있는 예배만 드려 줄 뿐 교인들의 진짜 모습을 단 1%도 알지 못했다.

　요즘 목사들은 미디어를 통한 간접 체험으로 모든 것을 다 알 수 있다고 생각한다. 하지만 글쎄다! 그렇게 따지면 예수님은 하나님이셨다. 모든 사람의 생각도 다 아시는 분께서 굳이 사람들을 만나실 필요가 없었으리라.

　그래도 예수님은 언제나 걸으시고 온종일 다니셨다. 이런 예수님이 모범을 보이셨음에도 나는 자리에 편히 앉아 하루를 보내고 퇴근 시간을 기다리는 게 다였다. 그러면서 세상 다 아는 것처럼 설교했으니 어떻게 나 스스로가 역겹지 않을 수 있을까?

　목사를 그만둔 시점에 그냥 평범한 아저씨 알바생이 깨닫기엔 너무도 아까운 경험이었다. 만약 목회를 이렇게 하면 정말 교회학교의 부흥을 다시 일으킬 수 있지 않을까? 아이들이 있는 곳으로 직접 가서 아이들이 집에 들어가기 전까지 그들의 곁에 머무는 것만으로도 어찌 보면 예수가 했던 사역의 절반은 따라간 것일 테니까.

그래서 그동안 알고 지내던 후배에게 이런저런 이야기를 하며 교회학교 사역에 대한 내 생각을 말했다.

교역자가 1주일에 단 이틀만이라도 아이들이 있는 학교 근처 편의점에서 알바를 하면 어떨까? 아니면 편의점을 하는 성도 점주에게 부탁하여 무료로 편의점 알바를 할 수 있다면? 얼마나 설레는가? 얼마나 새로운 사역의 지평인가? 얼마나 아이들에게 큰 신선한 충격으로 다가올까?

그러나 그 후배는 단 한마디로 내 기대를 무너뜨렸다.

"형, 저희 그렇게 한가하지 않아요."

"형이 무슨 얘기 하는지 알아요. 아는데 그게 이야기 해봤자예요."

목사를 그만둔 사람이 목사인 사람에게 조언하는 것도 웃기지만 목사라는 놈에게 들은 말도 참 웃겼다. 한가하지 않다니... 이야기 해봤자라니. 그럼 뭐가 한가하지 않고 뭐가 되는 건가? 목사가 편의점 알바를 하는 게 한가한 건가? 아니면 아이들에게 좀 더 다가가려고 사무실을 나가는 게 이야기해 봤자인 건가? 이래저래 상황을 들으니 목사였던 나도 어느 정도 이해는 된다. 그러나 가장 큰 문제는 목사였기 때문이다. 제도권에 갇혀 한 달에 한 번 월급을 받는 자들에게 제도권을 벗어나는, 목사로서 추잡하게 보이는, 행동은 할 수 없다는 걸로 비친다.

통화가 끝난 후, 나는 왜 예수님이 이 땅에 아무런 타이틀을 가지지 않고 태어나셨는지 깨달았다. 제사장이 아니어야 한센병 환자를 만질 수 있었고 서기관이 아니어야 인간의 전통이 아닌 하나님의 마음을 전할 수 있었다. 바리새인이 아니어야 죄인들과 어울려 술을 마시고 함께 어울릴 수 있었다. 그리고 예수님이어야만 사마리아에 들어가실 수 있었다.

나에게도 목사라는 타이틀이 사라진 순간, 드디어 이러한 경험을 할 수 있는 게 아니었을까? 이제는 사역조차 할 수 없는 나에게 또 단에 서서 설교할 기회도 사라진 나에게 이 경험은 너무 값진 것이었다. 만약 누군가 이 책을 읽고 진정한 영과 진리의 예배를 갈구한다면 지금 당장에 사무실을 박차고 나가 예수님처럼 세상을 거닐기를 추천한다.

편의점 아빠가 더 좋아

어느 날, 편의점 알바를 마치고 딸과 단둘이 데이트를 나섰다. 목사 수입이 없고 아르바이트로 근근이 살아가니 딸과의 데이트는 고작 중국집에서 짜장면을 먹고 500원짜리 아이스크림을 하나 입에 무는 게 전부이다. 그래도 그 시간이 참으로 행복했다. 집 앞에서 짜장면 집까지 걸어서 10분 이상은 걸리니 딸의 손을 잡고 이래저래 주위를 기웃거리며 생각 없이 이야기하며 웃으며 걷곤 했다.

목사를 그만두고 아르바이트를 하면서 달라진 게 있다면 딸과 나누는 대화가 많이 길어지고 깊어졌다는 것이다. 전에도 몸은 교회와 떨어져도 마음은 교회에 붙잡혀 사는 시간이 많아 딸과 대화해도 듣는 둥 마는 둥이었으니 함께 있다고 해도 목회하는 동안은 내가 딸이랑 뭘 했는지 잘 기억이 나지 않는다. 이제는 목사도 아니고 교회에 얽매이는 것도 없으니 딸과 데이트 하는 내내 딸이 하는 말에 집중해서 들으려고 노력했다.

어느 부모나 다 자기 자식이 천재이고 성숙하다고 생각하겠지만 내 딸은 유치원에서부터 또래보다 어른스럽다는 이야기를 많이 들었다.

그래서 그런지 어려서부터 사정상 딸에게 돌려 말해도 무언가 다 알지만 눈치껏 알았다고 하는 경우가 많았다. 그래서 그런지 둘이 짜장면 데이트를 할 때면 딸은 나이에 맞지 않게 꽤나 깊은 이야기들을 털어놓았다.

딸과의 짜장면 데이트 도중에 가장 마음에 콕 하고 날아 꽂힌 대화가 있다. 그날도 터벅터벅 딸과 손을 잡고 걸으며 짜장면 집으로 걸어가는 길이었다. 건널목 앞에서 신호를 기다릴 때 딸이 말했다.

"난 말이야, 지금 아빠가 너무 좋아."

느닷없이 툭 던지는 한마디였다. 그저 어린애가 짜장면 먹는다고 좋아서 하는 말이라고 하겠지만 나는 그 말이 아니라는 것을 금세 알아차렸다. 그래서 다시 물었다.

"전에는(목사일 때는) 싫었어?"
"응, 너무 싫었어."

그래도 아빠가 목사라서 좋았다고 말해주기를 내심 바랐다. 하지만 딸에게는 내가 목사였던 순간이 단 1도 좋지 않았던 것 같았다. 그래도 왜인지는 알아야 해서 딸에게 곧바로 물었다.

"전에는 뭐가 싫었는데?"

내 질문이 떨어지기 무섭게 바로 말하는 딸의 대답은 하루 종일 날 울게 만들었다.

"아빠가 내 옆에 없었어."

이렇게나 단순한 이유였다니... 난 왜 이걸 모르고 살았을까? 가장 딸 옆에 있어 줘야 할 시기에 딸과 함께 있어 주지 못해 굉장히 미안하고 슬펐다. 또한 저 단순한 진리를 왜 지금에서야 깨달은 건지 되돌릴 수 없는 그 시간들이 너무 안타까웠다.

설교를 못 해서, 목회를 못 해서, 성공한 목사가 아니라서, 대형교회 담임목사가 아니어서, 기타 등등이 아니라 그 답이 내가 생각한 것과는 전혀 다른 "내 옆에 없었어..."라니!!

사실 딸 아이가 태어난 순간부터 딸과 함께한 시간이 많지 않았다. 새벽에 나가 자정이 다 돼야 집에 돌아오기 일쑤였다. 집에 돌아가도 주위에 성도들이 보지나 않을까 언제나 아빠보다는 목사로서 살았다. 멀리 놀러 가더라도 혹시나 교인과 마주칠까 최대한 목사같이 보이게 옷을 입고 휴가를 떠났다. 혹시라도 교회에서 연락이 올까 봐, 교회에 급한 일이 생길까 봐 언제나 핸드폰을 손에 쥐고 휴일을 지내곤 했다. 그런 딸이 보기에 아빠는 언제나 자기 옆에 있어도 없다고 느꼈을 것이다.

7~8년간 부모로서 아버지로서 훌륭한 목사가 되고 성공한 목사가 돼야 한다고 속으로 되뇌며 버틴 세월이 딸에게는 그저 아빠의 빈 자리였다. 얼마나 큰 상처가 되었을까? 모든 것이 다 성공한 목사가 되고 싶다는 욕심에서 시작된 것이다. 딸이 매번 나에게 하던 말들 "아빠 가지 마.", "아빠 놀아줘.", "오늘은 나랑 함께 있으면 안 돼?" 그저 무심코 지나쳤던 딸의 목소리가 신호를 기다리는 짧은 몇 분 사이에 내 생각과 마음을 할퀴고 지나갔다.

그렇다면 지금은 어떨까? 멋진 정장 입고 돈도 벌어오고 사람들이 목사님 하며 알아봐 주는 삶에서 간편한 복장에 편의점 조끼를 입고 손님에게 접대하는 아빠의 모습이 너무나 달랐기 때문에.... 민망했지만 그래도 용기를 내서 딸에게 물어봤다.

"그래서... 지... 지금은 아빠 어때? 좋아?"

딸은 어떻게 대답했을까?
딸은 이렇게 대답했다

"너~~~무!!! 좋아!!"

이렇게 말을 해놓고 좋아하는 이유를 주절주절 털어냈다.

"아빠가 사탕 사줘서."
"아빠가 아이스크림 사줘서."
"아빠가 나랑 놀아줘서."
"아빠가 나랑 함께 있어서." 등등

아마 대부분의 전도사나 목사들이 나와 같은 시간을 겪었거나 겪을 예정일 것이다. 교역자로서 새벽예배부터 출근해서 이리저리 교회 일하다 보면 늦게 퇴근하기도 하고 때론 일찍 퇴근해도 혹시 모를 일들로 인해 24시간 대기상태로 지내는 것이 일상이다. 딱히 월요일이라고 하나 있는 휴일에도 혹시나 교회에서 부를까 봐 핸드폰을 보며 휴식을 취한다. 목회 성공을 위해 더 큰 교회와 더 좋은 교회를 찾으려 할수록 더 심해지면 심해졌지, 나아지지는 않을 것이다.

목회 성공과 가정이란 두 갈림길에 서 있는 사람들이 한국 교회 목회자들이다. 지금 이 아래부터는 가정과 목회 성공이란 구 갈림길에 서서 고민하는 분들에게 드리는 나의 조언이다.

우선 목회적 성공은 허상이다. 제발 정신 차리기를 간절히 부탁드린다. 엄밀히 말하면 목회와 가정은 두 갈림길이다. 목회란 것을 위해 가정이 희생당하는 말은 사실이 아니다.

성경에도 목회를 위해 가정이 함께 결정하고 함께 사역에 동참한 브리스길라와 아굴라도 있었다. 만약 목회가 하나님 주신 사명과 함께 이해되는 것이라면 난 그것이 모든 가정 구성원의 동의하에 이루어지고 하나님의 뜻을 이루어가는 한 길에 서있다고 이해한다.

그러나 만약 목회를 통한 성공을 목적으로 한다면 그것은 허상이라고 말하고 싶고 당연히 가정은 다른 길 위에 서게 될 것이다. 만약 목회적으로 성공을 얻으면 반드시 가정을 잃게 될 것이다. 왜냐하면 가정은 하나님으로부터 주어진 것이고 목회적 성공은 인간에게서 나온 것이기 때문이다.

성경에 성공이란 단어는 구약 단 두 곳에 쓰여있다. 신약성경 단 어느 곳에서도 한국어로 '성공'으로 번역된 곳은 없다. 특히 신약에서 성공이라 표현하고 싶은 몇 가지 사건들이 있다. 예수님의 부활, 베드로의 3천 명 회개 사건, 바울의 선교 및 교회 개척 등. 그런데 어느 한 곳도 그곳에 '성공'이란 단어를 사용하지 않았다.

우리가 원하는 대형교회의 목사들의 플렉스(Flex)를 성공이라고 바라본다면, 아니면 대형교회 목사들이 갖는 명예나 권력을 보고 그렇게 정의한다면 신약에서는 단 한 곳에서도 그 단어를 찾을 수 없을 것이다. 그런데도 당신이 목회적 성공을 위해 달려간다면 비성경적인 사리사욕을 위해 당신 가정이 희생당한다는 것을 깨달아야 한다.

내가 만약 내 딸에게 목회하는 사람으로 함께 있었다면 내 딸은 목사인 내가 싫다고 하지 않았을 것이다. 그러나 딸 눈에는 내가 목회가 아닌 목회의 성공을 바라고 있었기 때문에 싫었다고 했을 것이다. 아이들의 눈은 언제나 순수하고 직설적이니까.

   목회적 '성공'을 다르게 번역하면 목회적 '욕심'이라 할 수 있다. 성경에는 욕심이란 단어가 많이 나온다. 그중에도 목회란 영역에 가장 가까운 우리 선배인 디모데에게 준 바울의 말씀을 인용해본다.

   (디모데전서 6장 / 개역개정)
   9. 부하려 하는 자들은 시험과 올무와 여러 가지 어리석고 해로운 욕심에 떨어지나니 곧 사람으로 파멸과 멸망에 빠지게 하는 것이라

   성공이란 두 글자를 버린 나는 가족을 얻고 목회 또한 얻었다. 목회란 것이 꼭 목사로서 해야 하는 사역이 아닌 나에게 주어진 가정에서 목회와 하나님이 나에게 준 사명을 이루어 나가고 있으니 이 또한 목회라 할 수 있다고 생각한다. 여러분에게도 성공이 없는 목회와 가정이 함께 하시길 소망한다.

목사만 되면?
목사가 되고 난 후는?

신대원 시험을 준비하기 전에 학부 4학년 때 왠지 모를 두려움이 몰려왔다. 남들은 들어가기 어려운 신대원에 붙기나 하라고 핀잔을 주곤 했지만, 나는 들어가기 전부터 해결되지 못한 문제들 때문에 두려워 떨고 있었다. 문제라기 보다는 해결되지 못한 질문들 말이다.

'지금 내가 신대원 가도 되나?',
'난 아직 목사가 뭔지도 모르는데?',
'목사에 대해서 내가 뭘 알지?'

신학교 4학년 때 홀로 지내는 시간이 많아서 가끔 혼자 학교 복도에 나와 사색하거나 곧 있을 신대원 이후의 삶에 대해 고민하며 두 학기를 모두 보냈다. 그로 인해 4학년 성적은 거의 바닥을 찍었다. 3월이 되자 학부 때 같은 신대원을 진학하기로 한 사람들끼리 따로 신대원 입시 전문 성경학원과 스터디 그룹을 짰다. 너무 바쁘게 흘러가다 보니 마음 한 켠에 중요한 문제는 해결하지도 못한 채 마냥 '그래. 신대원만 들어가면 내 인생을 해결될 거야.'라는 식의 생각으로 문제들을 덮어버리곤 했다.

그때 당시만 해도 10대 1 가까이 되는 경쟁률을 뚫고 들어가야 하는 곳이 신대원이었으니 아마 내 고민은 사치라고 생각했는지도 모른다. 그러나 지금 생각하면 신대원을 5년 미루더라도 꼭 해결해야 하는 과제인 것만은 분명하다. 내가 왜 목사가 되어야 하는가에 대한 답 말이다. 그러나 이러한 문제는 해결하지도 못한 채 시간을 흘려보냈다.

어쩌다 보니 신대원에 합격했다. 정말 어쩌다 보니였다. 영어는 이미 잘하고 점수도 상위 1% 안에 들어서 남들보다는 앞서 있다고 해도 글쎄 나에게는 여간 어이가 없던 신대원 합격이었다.

심지어 내 모 교회에서도 내가 신대원에 합격한 것을 못 믿는 사람도 많았고 나의 고3 담당 목사님이시면서 해당 신대원 조직신학 교수셨던 OOO 목사님께서는 합격한 날 보고 깜짝 놀라신 것을 보면 난 정말 어쩌다 보니 신대원에 들어갔다. 이 이후에 이야기는 전부 다 어쩌다 보니 였다. 어쩌다 보니 2학년 어쩌다 보니 3학년 어쩌다 보니 교육전도사 어쩌다 보니 전임 전도사.

그리고 마침내 어쩌다 보니 목사까지 되었다. 목사는 되었지만 도대체 내가 왜 목사를 하는지 이유를 몰랐다. 웃긴 건 솔직히 지금도 모르겠다. 목사고시 면접 때, 주어진 대로 줄줄 말하고 노회 면접 때, 이리저리 둘러댔지만, 솔직히 어디에서도 내가 목사가 돼야 한다는 이유와 목사가 도대체 무엇인지 정확한 근거를 두고 알려주지 않았다. 노회에 어느 정도 위치를 차지한 목사들은 새내기 목회자 후보생들에게 주저리주저리 목사란 무엇인가에 대해 떠들었지만, 자신의 경험에 근거한 자신의 주장일 뿐이었다. 그렇게 난 어쩌다 보니 목사가 되고 말았다.

어쩌다 보니 되었는지 아니면 운명이고 소명이었는지 모르겠지만 중요한 것은 목사가 된 뒤에도 내가 목사가 왜 되었는지를 생각할 겨를이 없었다. 그만큼 바빴단 뜻이다. 아니 여유가 없었단 말이 적절할 것이다. '내가 왜 목사가 되었는가?'에 대해 진지하게 고민할 여유가 없었다.

1년에 계획된 교회 행사, 심방, 학업, 가정, 기타 등등 살인적으로 바쁜 스케쥴로 인해 질문에 답도 찾지 못하고 '일'을 하고 있었다. 그렇다고 아무에게 가서 "저? 왜 목사 해야 할까요?"라고 말할 수도 없는 노릇이니, 결국 내가 스스로 찾아야 할 문제였다.

교회에서 '왜 목사가 되었는가'에 대한 질문은 그리 중요하지 않았을까? 아니 이 질문보다 더 중요한 질문들이 많기 때문이다. 예를 들어, '누가 실세인가? 누구에게 줄을 서야 하나?, 이 선임 목사는 무엇을 좋아하고 싫어하는가? 담임목사님은 어떤 기획안을 좋아하는가? 목사들 안에서 힘 있는 분과 관계를 맺으려면 어떻게 해야 하나? 교인 중에 꼭 잘해줘야 할 사람은?', 여타 다른 회사에서도 하는 사내 정치 같은 것들이 교회에서도 똑같이 적용되었다.

좀 더 세밀하게 예를 들자면, 내 경험에는 교육전도사가 되자마자 전임전도사가 되는 것이 중요했고 그로 인해 전임이 되기 위해서는 어떻게든 희생하고 헌신하고 전임이 되기 위해 개처럼 빌빌 길면서 사역을 해야 했다. 그렇게 전임이 되고 나면 목사가 되는 것이 중요했다. 목사가 되어보니 담임목사가 되는 것이 중요했다. 담임목사가 되기 위해서는 담임목사의 목회가 중요했고 그러기 위해서는 목회자들끼리의 줄타기를 얼마나 잘하느냐가 중요했다. 교구 목사가 되는 것, 담임목사가 되는 것, 교회를 옮긴다면 사택과 사례비를 따지는 것이 더 중요했다. 어찌 보면 교회에서 내가 하고 있는 이런 질문은 가장 쓸데없는 것이었다.

성경에서 가장 중요한 질문은 "당신은 누구입니까?"이다. 모세가 여호와 하나님을 만나고 처음 한 질문도 "당신이 누구시길래"였다. 예수님이 사역을 시작할 때도 모두들 "당신이 메시아냐?"고 물었다.

바울은 자신이 쓴 서신의 첫머리에 언제나 '자신이 누구인지'를 소개했고 그 소개에 빠지지 않은 것은 "예수 그리스도의 종"이라는 표현이었다.

(로마서 1장 / 개역개정)
예수 그리스도의 종 바울은 사도로 부르심을 받아 하나님의 복음을 위하여 택정함을 입었으니

얼마나 위대한 문장인가!, 바울은 자신이 누구인지 왜 사도로 부르심을 받았는지 자신을 왜 하나님께서 딱 골라잡으셨는지에 대한 답을 찾았다. 로마서의 첫 문장 첫 절에서 바울은 언제나 자신이 받은 사도직이, 그리고 자신이 누구인지를 정확하고 명확하게 밝혔다.

이 문장을 보면서 언제나 바울이 부러웠다. 돈이 많아서가 아니라 또 유명해서가 아니라 때론 바울이라는 사람의 위치 때문이 아니라 그가 왜 부르심을 받았는지 정확하게 알고 있었기 때문이다.

이 글을 읽는 분 중에서 만약 전도사, 목사, 또는 사역을 하시는 분이 계신다면 묻고 싶다. 본인은 왜 목사를 하는지 아는가? 왜 꼭 전도사를 해야 하고 왜 꼭 자신이 그 사역을 해야 하는지에 대한 명확한 답을 가졌는지 묻고 싶다.

"기도해보고 생각해보니 삶을 통해 어렴풋이 하나님이 인도하심을 느낌으로써 하나님이 날 이렇게 부르셨다는 것을 확신합니다."(저자가 목사고시 면접 때 "왜 목사를 해야 하느냐"는 질문에 답한 문장이다) 이런 식의 모호한 문장이 아니라 당당히 하나님께서 나에게 목사로서 부르신 이유를 당당히 말할 수 있느냐 묻고 싶다.

대개 담임목사가 말하는 비전이 내 비전이 된다. 부목사로 담임목사를 돕는 것이 사명이다. 온전히 주님을 더 사랑하는 것이 내 사명이다. 교회를 사랑하고 지키고 성도를 양육하는 것이 목사의 사명이다. 이러한 해답지에 적힌 것을 보고 말하는 헛소리 말고 진정 하나님께 받은 목사의 소명과 사명을 아느냐는 것이다.

만약 모른다면 미안하지만, 첫 단추부터 잘못 꿰맨 것이다. 처음부터 다시 시작해야 한다.

이 질문이 해결되지 않는 한 당신은 하나님이 시키지도 않은 인간의 욕구를 대신 채워주는 잡부만도 못한 인생을 사는 것과 다름없을 것이다.

보수적 목사
예수전도단에 가다!

처가를 다녀오는 길에 차 뒷좌석에 앉은 아내에게 갑자기 말을 꺼냈다.

"우리 YWAM(예수전도단) DTS 갈까?"

내가 갑자기 건넨 말에 아내는 꽤나 놀란 눈치였다. 그도 그럴 것이 보수적인 교회와 신앙 안에서 자란 나에게 예수전도단은 이단(?)과도 같은 단체로 보였다. 그리고 대학생 때 순회선교단에서 주최하는 훈련과정에 섣불리 참여했다가 큰 상처를 받고 나온 경험도 있어서 내 입에서 예수전도단 제자훈련 과정에 가자고 말하는 것은 아내에게는 생각도 못 한 일이었다. 참고로 나의 아내는 예수전도단에서 세컨 스쿨까지 하고 온 선교사 출신이다. 그런 아내가 예수전도단 DTS 훈련에 가 보자는 말을 했을 때 매서운 말투로 거절한 적이 있어 아마 내가 자진해서 가자고 한 것에 더 놀랐을 것이다.

그럼 왜 난 예수전도단을 가기로 했을까? 물론 이 예수전도단은 코나 지부에 위치한 최초의 예수전도단 센터다. 하와이에 자리 잡고 있기 때문에 영어가 가능한 곳이어야 한다. 물론 난 영어가 가능하다.

아무튼 난 왜 이곳을 가기로 했을까? 나에게 터부시되는 선교단체이고 하나님 음성 듣기인지 뭔가 하는 것은 한국교회 안에서도 이단시되는 행위로 간주하는데 그것을 시작한 곳이 바로 거기였다. 그런데 왜 난 그곳에 가자고 대뜸 아내에게 말했던 걸까?

원래 나는 목사를 그만두고 곧바로 유학을 하기로 예정되어 있었다. 쌓아 놓은 통장의 돈도 가족의 미래도 모두 독일로 유학을 가는 것이 약속된 미래였다. 독일에서 철학 박사를 받고 싶었고 그 계획은 지금도 변함이 없다. 이 계획은 이미 내가 대학교 2학년 때부터 생각해 놓은 것이었다. 박사학위 논문 주제도 '죽음'으로 정해 놓았다. 이미 아내와 가족회의에서도 유학을 하기로 했었다. 그런데 중간에 계획을 틀어버린 것이다.

목사를 하면서 슬슬 나 자신에게 한계에 부딪히면서 정말 나에게 남은 것은 아무것도 없었다. 내 모 교회에서 쌓아 올린 신앙은 세습이란 단어에 쓰레기가 되어 버린 지 오래였다. 새롭게 시작한 교회에서의 그나마 남아있던 나의 신앙 불씨마저 꺼져버렸다.

비로소 나는 이름만 목사일 뿐, 무신론자나 다름이 없게 되어버렸다. 기도를 해도 내가 하는 대상이 그 하나님이 아닌 남이 알려준 하나님인 듯했다. 그렇다. 내가 기도하고 내가 믿고 내가 의지하는 하나님은 '남이 그렇다고 하더라 하나님'이었다. 설교단에서 하나님이 이런 분이라고 말하는 것에 그저 '아멘'만 했던 나에게, 신학교에서 신인지 신학을 알려주며 하나님에 대한 강의 내용을 적고 외우기만 했던 나에게 진정 내가 만난 하나님은 없었다.

지금에서 말하지만, 간접적인 하나님은 난 우상이라고 생각한다. 간접적으로 아는 하나님은 당신에게 답을 해주지 못한다. 왜냐하면 그것은 우상이기 때문이다. 하나님은 살아 계시고 지금도 역사하시는데 담임목사가 말한 하나님만 믿고 그것이 하나님인 줄 안다면 얼마나 우스운 일인가.

아무튼 난 목사이면서 무신론자의 사이에 그 어딘가 서 있는 인간이 되어있었다. 삶의 80%를 담임목사가 전해준 하나님, 신학교 교수가 세뇌하게 시킨 하나님, 교회가 주장하는 하나님, 그러나 내가 만난 하나님은 없었다. 살아계신 하나님은 없었고 뜬소문처럼 돌아다니는 하나님만이 남아있었다. 그리고 이제 그마저도 사라진 상태였다.

성경을 읽으면 바른 하나님의 개념을 나열할 수 있다. 100페이지를 쓰라면 쓰겠지만 미안하지만 난 그 하나님을 만나지 못했기에 어찌 보면 무신론자였다. 아니 그냥 비그리스도인이라고 해야 할까? 칼뱅이 이야기하는 하나님에 대해서 논문을 쓰라면 한 달을 밤새워서 쓰겠지만 칼뱅이 만난 하나님을 내가 만난 건 아니었다.

어느 날 문득 생각하니 예수님을 믿은 고등학교 2학년 이후로 내가 직접 하나님을 만난 적이 없었던 것 같다. 예수 그리스도를 믿었던 고등학교 2학년 여름수련회 이후로, 난 간접적인 하나님(우상)을 하나님이라 믿고 살아온 것이다. 그렇다. 내 안에는 하나님이 없었다. 만난 적도 없었다. 만난 적도 없으니 난 나를 어떻게 불러야 할지를 몰랐다. 목사와 무신론자 사이에 선 존재. 그게 나였다.

그러다가 문득 예수전도단(YWAM)이 생각났다. 인터넷 검색을 하고 내용과 일정을 검색했다. 나도 그때 왜 그랬는지 모르지만, 왠지 그냥 한번 봐야겠다고 생각했다. 그러자 바로 처음 뜨는 사진 하나가 나를 떨게 했다.

"To know God!, Make Him Known!"
(하나님을 알고 하나님을 알리자!)

하나님을 알아야 한다. 이 한 문장이 나를 강력하게 끌어당겼다. 나에게 너무나 필요한 주제였다. 왜냐하면 난 무신론자 목사였으니까. 하지만 너무나도 하나님을 알고 싶었다.

담임목사가 말하는 하나님 말고, 성도가 말하는 하나님 말고, 내 모 교회에서 나에게 주입한 하나님 말고!! 내가 직접 만난 하나님. 다른 어떤 존재도 끼어들지 못하는 하나님과 나만의 만남. 내가 만지고 내가 느끼고 내가 경험한. 비록 그것이 이단이라고 누가 말할지라도 확실한 하나님과의 만남이 나에겐 절실하게 필요했다. 그런데 예수전도단에서 하나님을 알게 된다는 것이다. 반드시 가야 할 이유가 생긴 것이다.

그날 밤, 컴퓨터를 켜고 자세하게 모든 DTS 과정(제자훈련 과정)을 찾아보았다. 그렇게 찾아본 결과 대부분은 내가 알고 있던 과정과 전혀 달랐다. 하나님의 음성을 듣는 연습이라던가... 아니면 하나님을 직접 보고 환상을 보는 연습이라던가... 기적을 일으키는 연습 등과 같은 것은 없었다. 다시 보니, 강의의 절반은 하나님을 아는 것이고 절반은 나를 아는 것이었다.

그것을 보고 다음 날 집에 돌아오는 차 안에서 아내에게 바로 말했다. 그러자 갑자기 아내가 말을 이었다.

  아내의 대답은 기도 응답이라는 것이다. 선교단체를 너무 싫어하는 나를 위해, 때가 되면 남편이 예수전도단을 가고 싶다고 스스로 말하도록 해달라고 기도했다는 것이다. 그런데 내 입에서 대뜸 거기에 가자고 하니 아내도 놀랐고, 놀란 것을 떠나 기도 응답에 굉장히 기뻐했었다.

  돌아오는 한밤중. 차 안에서 첫째 딸은 자고 아내와 나만 단둘이 기도의 응답을 확인하고 외쳤다.

  "우리 예수전도단 가자!"

Who Really are You?

우리가 예수전도단 DTS 훈련을 위해 도착한 곳은 하와이 코나였다. 비행기를 두 번이나 갈아타고 약 14시간이 되는 거리를 날아왔다. 날씨는 하와이라고 생각되지 않을 정도로 선선했다. 남들은 휴양과 여행으로 오는 곳에 난 나의 존재와 신의 존재를 찾기 위해 도착했다.

비행기 안에서 곳곳에 한국 부부가 보였고 대부분 나와 같이 DTS 훈련에 참여하고자 온 한국인들이었다. 예수전도단 캠프에 도착해 숙소에 짐을 풀고 그다음 주 월요일부터 훈련이 시작되었다.

훈련이라고 해 봤자 아침 강의를 듣고 웍 듀티(work duty)를 하는 것이 전부였다. 남은 시간은 숙소에서 책을 보거나 산책을 하거나 아이들과 풀장에서 놀거나 바닷가를 거니는 것이 전부였다. 그래도 하와이라고 숙소 바깥만 나가도 경치만으로 힐링이 되는 것은 당연했다.

  코나에서의 아침이 어김없이 밝았고 2번째 아침 수업을 들으러 부랴부랴 준비 중이었다. 아내는 보모로서 이곳에 왔기 때문에 학생인 나만 일찍 나가야 했었다. 두 아이를 데리고 나를 위해 헌신해준 아내에게 감사하단 말을 이 책을 통해 전하고 싶다. 하와이지만 아침 날씨는 파카를 입어야 할 정도로 꽤 추웠다. 노트북과 펜 노트 그리고 핸드폰을 챙긴 뒤에 강의실로 향했다.

  강의실이라 하면 다들 건물 안을 생각하겠지만 내가 속한 스쿨 강의실은 건물 밖의 텐트였다. 그래도 전망은 끝내줬다. 카일루아 코나의 바다가 전면으로 보이는 강의실이었으니까. 그리고 난 조그마한 십자가가 서 있는 앞쪽 두 번째 중간 자리에 늘 앉아있었다.

  두 번째 강사는 데이빗 가바라는 아프리카 영성가였다. 한 강사가 이틀에서 사일 정도 강의하는데 한국에서라면 만나기 힘든 리더들을 만나는 뜻깊은 시간이었다.

  그런데 솔직히 말하면 유명한지도 모르겠고 그렇게 능력이 많은 사람인지 지금도 잘 모르겠다. 그러나 이 분 강의에서 편의점 사장님에게 들은 질문을 마주하게 되었다. 데이빗 가바는 강의를 듣는 학생들에게 이런 질문을 던졌다.

"Who really are You?" (당신은 진짜 누구인가요?)

"Are you Pastor?" (당신은 목사인가요?)

"That's What you Do, not Who you are." (그건 당신이 하는 일이지 당신이 아닙니다.)

"Who really are You?"(당신은 진짜 누구입니까?)

다른 사람들은 어떨지 몰라도 목사였던 나에겐 꽤 충격적인 질문이었다.

목사로서 사는 것이 송하용으로 사는 것과 동일시했던 나에게, 목사가 송하용이고 송하용이 목사라고 생각했던 나에게 "목사는 당신이 하는 일이니, 당신이 아닙니다."라고 말하니까 말이다. 충격이었다. 머릿속은 이미 저 질문으로 가득 찼다.

목사는 송하용이 아니다.
그럼 난 누구지?

목사는 나에게 전부였다. 어렸을 때부터 난 목사가 되어야 한다는 어머니의 교육을 받고 자랐다. 초등학교 때 아마도 3학년 때부터 장래 희망은 목사였다. 내가 좋아서? 내가 부르심을 받아서가 아니었다. 난 그냥 그렇게 되어야 한다고 배워왔다. 예수님을 믿었지만 그게 목사로 부르신 것과 같다고 볼 순 없었다. 목사로서 이름이 주보에 오르고 목사라고 사람들이 불러줬다.

어느새 목사는 송하용이고 송하용은 목사가 되어버렸다. 그리고 목사는 송하용에게 전부가 된 것이다. 그런데 목사가 그저 내가 하는 일일 뿐 내가 아니라니. 난 그 자리에서 노트에 이렇게 끄적였다.

'목사가 아니면? 난 도대체 뭐지?'
'목사가 아니면? 난 아무것도 아닌 건가?'
'목사가 아니라면 도대체 난 왜 사는 거지?'

그때 데이빗 가바가 이렇게 대답했다.

"My name is David Gava." (난 데이빗 가바에요.)
"My Mother gave me this name." (나의 어머니가 지어준

이름이죠.)

"So, I love to be called David Gave, That's enough for me." (난 데이빗으로 불리는 걸 좋아해요. 그거면 충분해요.)

목사는? 기독교 최고 영성가는?
예수전도단 강사라는 이력은?
다양한 경력들은?
그저 이름이면 된다고?

난 그 자리에서 꽤 큰 충격에 빠졌다.
저 사람은 뭔데 그저 이름 하나로 저렇게 행복할 수 있지?
위대해지고 싶지 않나?
존경받고 싶지 않나?
목사로 불리고 싶지 않나?

그날 오후 일정을 다 마칠 때까지 이러한 질문들이 머릿속을 떠나지 않았다. 내 할 일(Work Duty)은 저녁 설거지였는데 설거지를 하면서도 힘들다는 생각이 들지 않고 데이빗 가바의 질문만이 계속 맴돌았다.
그리고 코나에서의 두 번째 주, 늦은 밤, 두 딸을 재우고 아내도 잠든 것을 보고 잠시 조그마한 책상으로 가서 백열등에 의지해 맨 종이에 내 이름 세 글자를 적었다.

송 하 용

그리고 그 주위에 내가 가진 타이틀을 적어갔다. 부모, 남편, 목사, 아들, 학생, ... 이 모든 것을 하나씩 지워나갔다. 마지막에 목사란 두 글자를 두고 지우기까지 꽤 긴 시간을 공들였다. 작대기 두 개면 끝나는 것인데, 목사 그만둔다고 말하고 온 지도 5개월도 안 되었는데 아직도 목사는 나에게 큰 우상과도 같았다. 마치 그것이 없으면 '송하용'이라는 존재도 없어지는 듯한 느낌이 들었다.

송하용 옆에 목. 사. 라는 두 글자 위에 빨간 두 줄 긋는 것이 마치 내가 이 세상에서 사라지는 것처럼 느껴졌다. 기억하기로는 새벽 3시 30분이었다. 끝내 목사 두 글자에 빨간 두 줄을 긋지 못했다. 하와이 시각 새벽 3시 30분. 종이에 적힌 송하용 목사, 이것만 남긴 채 종이를 찢어 가방에 꾸겨 넣었다. 몰래 쓰레기통에 버리려고 아내에게 혹시나 보일 것 같아서 몰래 가지고 나왔다. 송하용 목사가 적힌 종이는 쓰레기통에 버려졌지만 난 아직도 목사라는 우상을 버리지 못한 송하용일 뿐이었다.

I just want to meet God

 희한하게 예수전도단 코나의 DTS과정에는 이미 예수님을 만나고 이미 은혜가 가득한 사람들로 가득했다. 딱 목사 부부인 우리만 빼고 말이다. 목사 가정은 다섯 가정이나 되었는데 그중에 두 가정은 나랑 같은 교단 목사와 사모였다. 그것도 104기 105기 106기 순이었다. 몇 분은 전도사였고 몇몇 청년들은 이미 이름만 대면 아는 교회 출석 중이었다.

 강의를 듣고 강의에 대해 질문을 하고 때론 훈련과정을 나누는 속에서 여기 오지 않아도 될 법한 사람들이라는 생각이 들었다.

"하나님을 더 많이 알게 되었어요."

"강의가 너무 은혜가 되었습니다."

"주님께서 살아계심을 느껴요."

"다 주의 은혜입니다."

이미 다 하나님을 알고 나서 하는 대답들이었다.

내가 목사인 걸 알았던 스쿨 리더는 가끔 나에게 질문을 시켰는데 난 냉소적으로 강의의 미숙한 부분이나 학문적으로 알고 싶은 것을 물어볼 뿐이었다.

나는 이미 다른 누군가가 나에게 알려주는 하나님 따위는 관심이 없었기 때문에 유명한 강사가 나와서 뭐라 하든 내 알 바가 아니었다. 그리고 솔직히 훈련과정에 들어가는 비용이 너무 아까워서 악을 쓰고 열심히 참여한 면도 없지 않았다. 그런데 그런 면이 스쿨 리더에게는 신실하다고 보인 것 같다. 하지만 나는 전혀 아니었다.

예수전도단 안에서 자신들이 주장하는 하나님을 직접 만나고 싶었다. 강의를 해줬으니 알아야지? 어림도 없는 소리였다. 모세가 하나님을 뵈었듯, 사무엘이 하나님 음성을 들었듯, 바울이 예수님을 만나고 눈이 멀었듯, 어떻게 대도 좋으니 적어도 내 오감으로 느낄 수 있는 하나님을 만나고 싶었다.

이런 내 모습이 사람들에게는 호전적으로 보였나 보다. 나를 만났던 그때 모든 사람들은 내가 마치 사람 하나 죽일 것처럼 무서운 아우라를 풍기고 다녔다고 했다. 그런데 누굴 죽이기보단 그땐 하나님을 만나지 못하면 내가 나를 죽일 생각이었기 때문에 더욱 그랬던 것 같다.

내가 있었을 때만 그런 것인지 아니면 매년 그런 것인지 모르지만 북미와 유럽에서는 꽤나 이름이 알려진 기독교학자와 영성가, 목회자 그리고 선교사들이 강사로 나왔다. 한국이면 책이나 영상으로만 접한 기독교 리더들이 내 앞에 실제로 강의하니 이런 경험은 참 값지단 생각을 했지만, 그때뿐 강의로는 하나님을 만나지 못했다. 그저 느낌만인 느낌? 감동돼서 나오는 눈물? 찬양 때문에 울리는 가슴? 나에겐 단순히 현상에 그치는 일이지 하나님을 만난 것은 아니었다.

잠깐의 휴식 시간에 캠퍼스 카페에 들러 아이스 아메리카노를 한잔 마실 때면 이래저래 사람들이 와서 강의를 통한 삶을 나누는데 그때마다 외국인들이 나에게 다가와 여기서 무엇을 배우길 원하냐는 질문을 많이 받았다.

그럼 난 언제나 일관되게 한 문장으로 답했다.

"I just want to meet God."
(난 그냥 하나님을 만나고 싶어요.)

때론 내 질문에 이해를 못 하는 사람도 있었지만 신을 만나기를 원하는 나에게 행운을 빌어주는 사람들도 있었다. 그래도 감사한 것은 한국 사람들처럼 하나님이 누구신지 아는 척하지 않고 그저 나를 인정해주는 외국인들의 태도에 감동을 받았다. 대부분의 외국인은 나에게 이렇게 답했다.

그리고 이 대답이 내가 들어본 기도 중 가장 귀한 기도였다.

I pray God meet you in time.
(언젠간 하나님께서 널 만나주시길 기도할게.)

문제아 목사 예언을 받다

 우선은 내가 속했던 예수전도단 훈련과정에 대해서 알려주고 싶다. 그렇게 잘 아는 것은 아니지만 말이다. 나는 하와이 코나에 있는 예수전도단 코나 캠퍼스에서 동북아시아 제자훈련과정을 수료했다. 영어로 하면 'Northeast Asia DTS'다. 동북아, 특히 한국과 북한, 그리고 중국의 복음화를 위해 만들어진 DTS이다. 한국계 미국인 사역자이며 부부인 마크 조와 스테이시 조가 함께 학교장을 맡고 있다.
 우선 내가 하나님을 만날 때까지 나를 받아주고 인내해준 두 분에게 감사하다고 말하고 싶다. 그리고 지금은 하나님의 품에 있지만 내 형제이자 나를 끝까지 지도해주었던 이삭에게도 정말 고맙다는 말을 하고 싶다.
 내가 이렇게 먼저 이분들에게 감사를 전하는 이유는 내가 그만큼 훈련과정 동안에 큰 트러블 메이커였기 때문이다. 숙소에서 다 들리는 데 화를 내며 부부싸움을 많이 하기도 했고 너무 화가 나고 열이 받아 리더에게 대뜸 따지기도 했다. 눈에는 불을 켜듯 화가 가득 차 있었고 웍 듀티때는 기구들을 다 부실 듯 집어 던지기도 했다.

점심 후에 캠퍼스 카페에 들려 커피를 한잔하다가 마크가 다가와 나에게 하나님을 만나면 뭘 가장 먼저 물어보고 싶냐는 질문에 질문은 됐고 그러면 나는 하나님 면상에 주먹이나 꽂아 주고 싶다고 답하기도 했다. 아직도 그때 내 답을 들은 두 분의 얼굴이 기억난다.

그렇게 훈련과정 동안 문제아였다. 내가 원하는 것은 내 오감으로 느낄 수 있는 하나님을 만나는 것이었다. 그 외의 것은 별로 '아웃 오브 안중'이었다.

틈틈이 하와이의 낭만을 만끽하러 나가기도 했지만, 우리 가정은 그럴 돈도 없을뿐더러 그럴 기분도 아니었다. 그저 캠퍼스 아니면 10분 거리 해변가 다운 타운에 걸어가 커피 한잔, 아니면 아이들 아이스크림 사주는 정도뿐이었다.

주변 사람들과는 특히 말도 안 섞고 더 특별히 목사 가정과는 그리 많은 관계를 갖지 않았다. 이런 내가 얼마나 언제 터질지 모르는 폭탄처럼 보였을까? 지금에서 말하는 거지만 날 받아주기 싫다고 어떤 아웃리치 팀 리더가 거부했다고도 했다. 단순히 내가 무섭다는 이유에서였다.

6개월간의 훈련과정 중 3개월간의 강의 과정이 거의 마쳐질 때쯤이었다. 혹시나 선교단체를 아시는 분이면 이해하겠지만 강의 도중에 마치 성령을 받는다는 등, 은사를 준다는 등의 사역은 나에게 전혀 맞지 않았다. 기도를 받으면 쓰러지고 누워서 흰 천을 덮는 듯한 행위는 지금도 썩 내키지 않는다. 그래도 강사들 중에 대부분이 강의 도중 아니면 강의 막바지에 각 사람에게 기도를 해준다면서 마치 예언을 하거나 특별한 이야기를 해주었다. 그러면 목사들부터 나와서 앞에 줄서기 시작했다. 물론 나는 그러든지 말든지 뒤에 서서 그 자리를 어떻게든 피해 보려고 별짓을 다 했다.

　너무 힘들었던 강의가 다 지나가고 이제 마지막 강의주간이 되었다. 마지막 강의는 그저 아웃리치에 대한 강의로 특별한 것은 없다고 스태프들에게 들었기 때문에 그저 편한 마음으로 강의실 자리에 앉았다. 마지막 시즌이고 피곤하기도 해서 맨 뒷자리에서 강의를 듣기로 마음먹었다.

　강사는 가브리엘이란 이름의 남아프리카 사역자였다. 남성이고 럭비프로선수 출신에 건장한 체격의 백인이었다. 그는 자신이 2번째 강의부터는 이론이 아닌 실제로 들어가겠다고 했다. 난 속으로 '실제는 무슨'이라고 웃어넘겼다. 그도 그럴 것이 훈련과정에서 기적과 이적을 말하는 강사치고 대단한 거 하나

못 봤기 때문이다.

드디어 2번째 강의 시간이 찾아왔다. 여느 때와 같은 강의. 그러나 강의하던 강사가 갑자기 멈추며 이렇게 말했다.

"Is here Pastor?" (여기 목사가 있나요?)

그 강의실 안에 나까지 합해서 목사는 6명이었다. 목사에게 또 무슨 헛소리 하나 보려고 손을 들지 않았다. 그런데 나 빼고 5명이 손을 하늘에 닿을 듯이 번쩍 들었다. 그 모습에 헛웃음을 지으며 지켜만 보고 있었는데 이 강사가 다른 질문을 했다.

"I saw the picture from God."
(내가 하나님으로부터 한 그림을 보았는데요.)
"He is not a just Pastor, he worked at Mega-church!" (그는 그냥 목사가 아니라 대형교회에서 사역한 목사입니다!)

목사 6명 중에, 아니 나 빼고 5명 중에 대형교회 목사가 없었으랴 만은 놀랍게도 그 순간 나 빼고 5명이 모두 손을 천천히 내렸다. 대형교회에서 사역한 목사, 나를 염두한 것 같았지만 절대로 손을 들지 않았다. 그러자 그 강사가 자신이 본 것을 다시 설명했다.

"It's ok, I could be wrong." (괜찮아요. 내가 틀릴 수도 있어요.)

"But I saw His Mega-church divided in 3 Groups because big problem." (그러나 그의 대형교회가 지금 큰 문제로 3그룹으로 분열되었습니다.)

무언가 딱 들어맞는다는 기분? 마치 누군가 억지로 날 지목하는 기분이었다. 실제로 내가 전에 사역한 교회가 세습으로 교인이 세 분류로 갈려 있는 상태였다. 나인 줄 알았지만 끝까지 손을 안 든 나에게 내 주변 사람들의 눈이 모였다. 아마 다 나라고 생각한 것이다.

그러자 스쿨 리더인 스테이시가 나에게 소리쳤다.

"It's you Ha Yong!!" (하용 너야!!)

그렇게 마지못해 나는 앞으로 나오라는 강사의 말에 강의실 앞으로 나갔다. 또 안수하고 뭐라고 뭐라고 방언으로 기도

하겠지, 싶었는데 그 강사는 나를 바라보며 갑자기 질문을 하기 시작했다. 혹시 베트남, 태국, 미얀마를 생각하거나 갈 계획을 갖지 않았냐는 질문이었다.

나는 독일에서 박사학위를 취득하면 이 셋 나라 중 하나에 가서 국립대학의 교수로 재직하면서 성경을 가르치는 꿈을 가지고 있었다. 이 이야기는 실제로 이 사건 전날에 아내와 한밤중에 한 이야기였고 나만 알고 있는 미래 계획이었다.

그리고 그가 나에게 예언을 갑자기 쏟아내기 시작했다. 지금에 와서 하는 이야기지만 이 강사는 나보다 젊었고 실제로 전 럭비선수 출신이라 키가 약 190cm정도 되었고 주먹도 내 얼굴보다 커서 약간 무서웠는데 그 손을 내 앞에서 막 휘저으며 내 예언을 마치 자기 예언인 양 기뻐하며 말하기 시작했다. 신기한 것은 그 예언들이 모두가 내가 계획하고 꿈꿔왔던 것이었다. 그리고 그 누구에게도 상세히 말한 적이 없었다. 그 예언을 들은 아내도 우리가 전부터 계획하고 이야기했던 것들이라면서 예언이라기보다 확증이라고 했다. 그래도 나도 사람인지라 혹시나 내 프로필이나 상세정보를 저 사람에게 알렸지 않았을까 의심했지만, 스텝들은 이 강사가 올해 처음 이곳에 왔고 학교장들도 오늘 강의 전에 처음으로 인사했다고 했다. 더군다나 저런 상세한 정보는 내가 제공한 서류에 있지도 않았다고 오히려 나에게 예언이 맞다고 설명했다.

나는 새로운 예언과 계시가 예수 그리스도에게서 완성되어서 더이상의 예언이나 계시는 없다는 교단에서 자라왔다. 목사는 아니라고 해도 훗날 신학자의 꿈은 꾸고 있었기에 25년 동안 나를 있게 해준 교단의 신학을 버릴 수 없었다. 그리고 그 신학이 나에게는 준(반) 진리처럼 내 안에 자리매김했다. 죽은 사람이 살아나고 병든 자가 안수만으로 완치가 되고 하반신 마비 환자가 일어나는 기적보다는 말씀을 사모하는 것이 더 귀하다고 배워왔다. 더군다나 계시? 누군가를 향한 예언? 그런 것은 점쟁이의 점술같이 취급했었다.

그런데 이 모든 것이 가브리엘이란 한 사람의 예언으로 다 무의미하게 되어버렸다. 남아프리카 백인이 대한민국 동양인에게 한 번도 본 적 없는 생판 모르는 사람에게 그 사람만이 갖고 있던 생각들을 말하고 계획들이 이루어질 것이라고 대신 내 앞에서 말해주는 것을 보고 예언과 계시는 존재한다는 것을 오감으로 체험했다.

그날 밤, 다들 나에게 예언을 받았다고 축하해주었지만 나는 나를 존재하게 하는 신앙과 신학 중에서 신학마저 버려야 하는 것이 너무 무서웠다. 이제 아웃리치를 떠나야 하는데 누군가에게 복음을 전해야 하는 선교 여정에서 신앙도 없는 마당에 신학마저 없으면 난 복음을 들어야 할 사람이 되는 것이다.

그냥 아무것도 아닌 자. 마치 사람들 앞에 벌거벗은 사람처럼 말이다. 그렇게 벌거숭이가 되었다. 신앙도 신학도 남아있지 않았다. 오히려 내가 예수님을 믿어야 할 판이었다.

그런 내가 아웃리치를 가서 복음을 다른 사람들에게 전해야 한다니. 스스로 용납할 수 없었다. 아웃리치를 얼마 안 남기고 잠을 제대로 자지 못했다. 짐을 챙기는 것도 그랬지만 아웃리치팀에 소속된 것이 너무 이질감이 느껴졌기 때문에도 더욱 그랬다.

더군다나 내가 속한 팀은 다양한 팀원으로 구성되었다. 한국 목사 가정과 미국 미네소타 출신이고 춤을 좋아하는 백인 여자, 백인 아버지와 중국인 어머니 사이에서 태어난 혼혈 캐나다인 여자, 2002년에 한국에서 미국으로 입양된 한국계 미국인, 아버지가 백인이고 어머니가 한국인인 혼혈 백인 남자, 한국인 여자, 그리고 이민 2세이고 목사이며 나와 동갑이었던 그리고 나의 형제였던 조 이삭, 우리 팀의 리더였다.

떠나기 직전에 하와이에 남은 스텝들이 가장 불화와 문제가 많을 팀을 고르라고 했을 때, 우리 팀이라고 전부 말했을 정도였다.

아, 그리고 이제는 목사도 아니고 아무것도 아닌 송하용까지 한 팀이었으니 최악의 팀이었다.

그렇게 아웃리치 가야 할 아침 새벽, 우리 팀은 예수전도단 밴에 탑승해서 코나 공항으로 향했다. 다들 준비가 되어 보였지만 나만 아무것도 준비가 안 된 채 발가벗긴 채로 한국행 비행기에 몸을 실었다.

아무것도 '안' 하는 것이 나의 사역

    아웃리치를 가는 팀마다 이름을 정했다. 우리 팀은 '오하나'라고 정했다. 오하나는 하와이 원주민 말로 '가족'이라는 뜻이다. 다양한 국적이 섞인 이 팀에 가장 어울리지 않지만 의외로 재미있겠다 싶어 팀명을 오하나로 정했다.

    오하나 팀이 아웃리치로 가게 된 첫 서울 사역지는 게스트하우스였고 그곳에서의 사역은 2주간 아무것도 하지 않는 것이었다. 2주간 한 사역이 아침에 바로 옆에 있는 카페에 모여 맛있는 모닝커피와 샌드위치를 먹으며 예배를 드리는 것 외에는 아무것도 없었다. 2주간 아무것도 '안' 하는 것이 사역이라니 어이가 없었다. 그나마 토요일과 주일은 휴일로 쳐서 따로 행동해도 괜찮았다. 정말 아무것도 안 하는 사역이었다.

    내가 맡은 직분은 중보자라서 기도를 맡거나 남들을 위해 기도해 주는 것 말고는 할 게 없었다. 흔히 남들 다하는 연극,

무용, 태권무, 강의, 복음 전하기 등도 없었다. 그렇게 우리 팀은 살아생전 처음으로 아무것도 안 하는 사역을 완수해야 했다.

그렇게 아무것도 안 하는 2주 사역을 완벽하게 마치고 예정대로 서울에 있는 북한 사역을 하는 교회로 베이스를 옮겨야 했다. 북한 사역이라는 특별한 이유로 자세한 정보를 공유할 수는 없지만, 그 교회에 각 예배당을 숙소로 내주셔서 각자 원하는 방에 자리를 잡았다.

북한선교라는 특수성에 이제 무언가 제대로 된 사역을 하지 않을까 내심 기대를 했다. 그러나 이미 교회에서는 우리를 손님처럼 맞아 주셨고 자기들이 하는 사역을 참관하거나 참여만 하는 것으로 생각하셨다.

금요 철야에 설교를 담당하는 것과 탈북 학생들에게 새벽에 간단한 간증을 하는 것 외에는 사역은 없고 전부 참여하는 것뿐이었다. 감사하게도 해당 교회에서 많은 것을 챙겨 주시고 오히려 섬겨 주셔서 주기보단 받은 것이 더 많았다. 그렇게 받기만 하고 우리 오하나 팀은 다음 사역지인 대전으로 옮겨 갔다.

대전에서는 오메가 교회에 참석했다. 그 교회를 중심으로 한국의 문화 사역과 청년 부흥을 위해 집회를 여는

'Comeback Tour'와 함께 사역을 연계할 예정이었다. 오메가 교회는 내가 속한 교단이었는데 90% 이상이 청년으로 이루어졌고 노방전도에 가장 힘을 쓰는 교회인 것으로 유명했다. 대전에서는 소문난 교회인 듯했다. 오메가 교회에 방문해서 예배를 드리고 교회 식구들과 서로 인사를 나눴다. 이후로 대전에서도 몇 주간 지내면서 노방전도 참여, 예배 참석이나 집회 장소 방문 및 기도 사역을 했다. 말하기 부끄럽지만 이게 사역이었다. 서울에서의 사역이 아무것도 안 하는 사역이라면 이번에는 방문과 참여 사역이 대부분이었다.

무언가 해야 한다는 압박감에 시달린 목사란 직업에 한 달간 아무것도 안 하는 사역을 하려니 무언가 내가 잘못하는 듯한 기분이 들었다. 그래서 무언가 해야 할 것 같아 팀 리더였던 이삭에게 내가 무엇을 해야 하냐고 계속 물으면 그는 언제나 이렇게 말했다.

"Play it by ear" (즉흥적으로 해.)

또 내가 다음 일정을 물어보거나 미리 계획해야 하냐고 물어보면 다시 이렇게 대답했다.

"I don't Know." (나도 몰라.)

참으로 신기했던 건 팀 리더인 이삭은 아무것도 안 하고 그저 참여만 하는 그 속에서도 아무렇지 않아 보였다. '즉흥적으로 해.', '나도 몰라.' 라는 말 외에는 리더에게 별다른 말을 들어보지 못했다.

솔직히 그럴 수밖에 없는 게 참석하는 것 외에는 우리 팀이 할 사역이 별로 없었기 때문이다. 그렇게 대전에서도 우리 오하나 팀은 아무것도 안 하는 사역을 훌륭하게 마친 뒤에 한국 사역의 마지막 장소인 부산으로 향했다.

부산에서 숙소는 운 좋게도 호텔이었다. 아웃리치 여정 중에 가장 좋은 숙소였다. 부산에서 대전에서 만났던 Comeback Tour가 주최하는 집회에 참석해야 했다. 그런데 집회 장소가 이단 시비가 있는 고신측 교회이기도 했고 집회 성격이 나랑 맞지 않는 것 같아서 참석하지 않았다. 때마침 편두통이 심하게 와서 참석하기 어려워져 마지막 집회 시간에 잠깐 참석한 것 빼고는 숙소에서 하루 종일 쉬는 것이 남은 사역의 대부분이었다.

한국에서 아웃리치 사역은 부산 Comeback Tour 집회를 마지막으로 마무리가 되었다. 이제 몽골로 떠나야 했다. 떠나기 전에 곰곰이 이제까지의 한국 사역을 생각해보았다. 아무것도 안 하거나 참석만 하는 아웃리치는 들어도 못 보았고 도대체 북한선교와 대전 오메가 교회와 Comeback Tour 집회가 무슨 연계가 있는지 궁금했다. 떠나는 마당에 리더 이삭과 단둘이 이야기를 나눴다.

"세 사역지가 다 무슨 연계가 있냐?"

"이 사역지가 다 어떤 목적으로 계획된 거냐?"

이런 나의 질문에 리더 이삭은 세 사역지는 연계는 없고 자신이 계획한 바도 없다고 퉁명스럽게 대답했다. 어이가 없었다. 리더라면 무언가 계획하거나 아니면 목적을 가지고 의도한 대로 이끌어야 하는데 아무것도 모르고 아무런 계획도 없이 팀을 이끌었다는 것에 약간 당황하기도 했다.
한국에서의 한 달을 아무것도 안 하고 몽골로 가야 한다는 게 너무 어이가 없었다. 들인 돈이 얼마인데 얻어갈 것이 아무것도 없다는 것에 너무 상심했다.
아무것도 한 게 없이 한국을 떠나는 비행기 안에서 다들 몽골에 대한 기대감에 부풀어 있었다. 사실 그중에 몽골에 가본 사람은 2명 빼고는 다들 처음이었다. 그런데 나는 몽골보다는 한국에서의 아쉬움이 더 컸다. 아무것도 안 하고 떠난 날 용납하지 못했다. 아무것도 안 한다는 것은 하나님의 사역이 아니란 생각이 나를 덮었다.

실망감이 커지고 있을 때 문득 스쿨 리더인 마크가 한 조언이 생각났다.

"이번 아웃리치를 가면 여러분이 생각한 것과
전혀 다른 것이 펼쳐질 것입니다."

"기억하세요. 하나님의 뜻은 여러분의 생각과 달라요."

스쿨 리더인 마크가 한 조언을 생각하며 다시 한번 마음을 다잡았다.

"그래. 아직 몽골이 남아있으니 좀만 더 기다려보자."

핸드폰 안의 성경을 켜서 비행 시간 동안 복음서를 읽어갔다. 예수님의 사역은 어땠을까?, 궁금해졌다. 혹시 예수님도 아무것도 안 한 기간이 있었을까? 이미 백 번도 더 읽었지만, 다시 한번 예수님의 발걸음을 따라갔다. 놀랍게도 마가, 마태, 누가, 요한, 사복음서의 예수님도 아무것도 안 하는 사역의 대명사였다. 공생애 사역하기 전까지 30년 동안 뭘 했는지 보이지도 않고 3년간 한 사역이라곤 걸으며 죄인들과 먹고 마시는 일밖에 없었다.

위대한 위인들 같이 소수만 가지고 전투에서 이겼다거나 아니면 역사적 저술을 집필했다거나 아니면 유명한 정치인이나 왕이 된 것도 아니었다. 아무것도 안 한 예수님, 그런 예수님이 무언가를 시작할 때는 바로 마가복음 1장 15절이었다.

(마가복음 1장 / 개역개정)
15. 이르시되 때가 찼고 하나님의 나라가 가까이 왔으니 회개하고 복음을 믿으라 하시더라

때가 찼다. 그가 메시아로서 자신을 계시할 때는 바로 때가 찼던 그때였다. 이 '때가 찼다'라는 이 단어에 왠지 모르게 마음이 갔다.

'그래 나에게 아직 때가 차지 않았을 거야.'

언젠간 때가 찰 때가 있을 거라는 믿음과 그때에는 나에게 하나님이 무언가 보여줄 것이라는 기대와 함께 몽골로 가는 비행기에서 잠시 눈을 붙였다.

때가 차다

드디어 몽골 땅에 발을 디뎠다. 여전히 몽골에서의 팀의 사역은 아무것도 안 하기, 참석하기, 시간 보내기 등이었다. 목사를 그만두고 하나님을 알 수 있다고 해서 태평양을 건너서 하와이란 섬에 왔건만 신앙에 이어 신학마저 벗겨진 벌거숭이 인간이 되어버렸다. 만나고 싶던 하나님은 못 만나고 한국에서 '아무것도 안 하기' 사역을 훌륭히 마친 후, 이곳 몽골 땅으로 왔다.

몽골의 수도인 울란바토르의 날씨는 매우 추웠고 모래 먼지로 공기도 매우 좋지 않았다. 몽골이라면 다들 평원에 양이나 말, 소를 키우는 모습과 게르(Ger, 몽골의 전통가옥)만 달랑 세워진 모습을 생각하겠지만 내가 처음 본 몽골은 1970년대 한국의 모습을 보는 듯했다. 매연이 나오는 옛날 연식의 자동차들, 4층에서 6층 높이의 빌라, 회색으로만 칠해진 아파트들, 그림이나 영상에서 보던 몽골과는 다른 모습이었다.

밤늦게 도착한 우리는 예수전도단 몽골 현지 스텝의 도움을 받아 게스트하우스로 이동하였고 그곳에서 짐을 풀게 되었다. 밤늦게 도착한 몽골의 밤은 매우 어둡고 조용했다. 다음 날이 주일이었기에 근처 교회로 가서 예배를 참석해야 한다는 리더의 말을 듣고 억지로 잠을 청했다. 참고로 주일에 갈 교회는 우범지대에 자리 잡고 있고 알코올 중독자들을 위한 사역을 하는 곳이라 안전에 어느 정도 유의하라는 경고를 들었다.

다음 날 일찍 일어나 시리얼로 아침을 해결하고, 두 개의 밴에 팀을 나눠 타고 갔다. 우리는 교회에 도착하자마자 맨 앞자리로 끌려갔다. 아직 예배가 시작 전이었다. 난 맨 앞쪽에 오른쪽 창가에 앉게 되었는데 아내는 내 바로 뒤에 앉게 되었다. 그리고 그렇게 예배가 시작되었다. 알코올 중독자들이 세션으로 있는 찬양팀이 나와 찬양을 했다.

혹시나 알코올 중독자들이 악기를 연주하면 어떨지 생각해 보았는지 모르겠다. 보컬과 일렉 기타를 담당한 찬양 리더 빼고는 모두 박자로 음정도 악기 연주도 제대로 하지 못하고 각자 원하는 대로 연주하기 시작했다. 찬양이 시작된 순간 은혜는커녕 정신을 차리기 힘들 정도였다. 도대체 이게 뭔가 싶었다. 무언가 큰 것을 기대했는데 내 앞에서 알코올 중독자들의 엉망진창의 악기 연주를 참고 들어야 한다니. 난 그저 창밖에 펼쳐진 하늘만 바라보며 한숨을 쉬었다.

'미치겠다.'

그때 내가 창밖을 보며 한 말이다. 정말 미칠 것 같았다. 하나님을 만나고 싶은데 저런 엉망진창인 연주 속에서 하나님을 어떻게 만나라는 것인가? 정말 미치겠다는 말 밖에 안 나왔다. 그렇게 10분 정도 찬양이 지속되었을 때 모든 것을 내려놓았다. 그냥 이 순간이 빨리 마쳐서 집에 돌아갔으면 좋겠단 생각을 했다. 차라리 몽골에 여행 왔다는 생각으로 버티자고 마음먹었다. 애초에 하는 것도 없으니 그래도 괜찮겠다고 다짐했다.

그렇게 벽에 붙은 교회 십자가를 바라봤다. 그리고 그때, 마치 누군가 내 귀에 속삭이는 것처럼 마치 한 쪽 이어폰에서만 소리가 나듯이, 정확하게 누군가 내 오른쪽 귀에 이렇게 속삭였다.

"기차야."

기차라고 나에게 속삭인 순간 난 환상을 보았다. 내 앞에 한 책이 펼쳐지더니 지도가 보였다. 대한민국과 중국, 몽골, 그리고 전 유럽, 그리고 그사이에 수많은 아랍 국가들을 연결한 철도. 그 철도를 한 기차가 부산에서부터 출발해서 전국을 지나가는 환상이었다. 그리고 그 기차가 서는 지역이 정확하게 보였는데 한국에서는 부산, 대전, 서울, 평양이었고 몽골은 울란바토르, 그리고 이란의 테헤란이 정확하게 보였다.

그 짧은 환상, 아마 10초도 안 되는 찰나에 한국에서의 사역, 몽골에서의 사역, 그리고 내가 이제까지 들었던 강의들, 그리고 내가 왜 목사를 그만두고 신앙과 신학이 다 벗겨진 채로 여기까지 왔는지 그리고 앞으로 어떤 일이 일어날 것인지, 하나님이 나에게 어떤 사명을 주셨는지에 대한 방대한 지식이 머리 안으로 들어왔다. 마치 공포영화에서 귀신이 말하는 장면처럼 그 10초 안에 내 주변에서 수많은 목소리들이 나에게 말하는 것을 들었고 난 그것을 잊고 싶지 않아서 내 핸드폰 메모장에 마치 무언가에 홀린 사람처럼 적어갔다.

거짓말 같지만 내가 본 지도는 실제로 존재하는 철도였으며 내가 보았던 위치가 다 정차하기로 되어있는 곳이었다. 그리고 내가 환상을 보았던 그 시간에 아내도 내 뒤에서 하나님의 음성을 듣고 있었다. 주일에 집에 들어와 아내에게 내가 본 환상을 말하자 자신도 하나님에게 음성을 들었다며 서로 겪은 일들을 나누기 시작했다. 지금도 그때 내 귀에 들린 그 목소리는 잊지 못한다. 소름 끼치도록 오감을 통해 느꼈기 때문이다. 앞서 말했지만, 그때 난 오른쪽 맨 끝에 앉아있었기 때문에 내 옆에는 아무도 앉지 않았다.

그리고 나는 드디어 그날 하나님을 만났다고 말 할 수 있다. 내가 본 환상은 실제로 내 눈으로 본 사건이다. 내 귀에는 분명 "기차야."라는 목소리가 들렸고 내가 본 지도는 실제로 존재한 유라시아를 통과하는 철도였다. '때가 차다'란 말씀이 드디어 나에게 이루어진 것이다.

이 기점으로 난 전혀 다른 사람이 되었다. 이 기점으로 난 하나님을 만난 사람으로 출발했다. 목사도 사라지고 신앙도 없어지고 신학도 증발해 아무것도 아닌 내가 "하나님을 만난" 사람으로 시작한 것이다. 이때부터 나에게 '아무것도 안 하는' 사역은 없었다. 왜냐하면 하나님에게는 '아무것도' 없는 속에서도 '무엇인가'를 창조하는 분이시기 때문이다.

이후로 우리 팀은 제2의 수도인 에르뜨네뜨로 옮겨 한 중고등학교에서 영어를 가르쳐 주는 사역을 했다. 그것도 오전 잠깐이었지만 말이다. 그 이후로는 성경 보급 사역을 시작했다. 우리 팀이 아웃리치 동안에 무언가 했다고 말 할 수 있는 사역이었다. 그래도 하루의 대부분은 이전과 같이 아무것도 '안' 하는 사역이긴 했지만 말이다.

 이제 아무것도 안 하건 무엇을 많이 하건 그런 것을 나에게 중요하지 않았다. 나에겐 하나님을 내 오감으로 느낄 만큼 확실하게 만났다는 것과 그가 나에게 이루실 무언가가 있다는 확신이 중요했다.

(마태복음 11장 / 개역개정)
18. 요한이 와서 먹지도 않고 마시지도 아니하매 그들이 말하기를 귀신이 들렸다 하더니 19. 인자는 와서 먹고 마시매 말하기를 보라 먹기를 탐하고 포도주를 즐기는 사람이요 세리와 죄인의 친구로다 하니 지혜는 그 행한 일로 인하여 옳다 함을 얻느니라

 교회에서 목사는 무언가 꼭 해야 하는 노이로제에 걸려있는 것처럼 살았다. 무언가 위대한 업적을 남겨야 할 것 같고 무언가 성경에서 이루어야 할 수많은 기적을 자신이 다 해야 할 것 같은 압박에 시달릴 때가 있다. 목회할 때 부목사들 간에도 누가 더 일을 많이 하고 바쁜가가 좋은 목사의 기준이 되기도 하는 것처럼 말이다.

 실제로 내가 OO 교회에서 목사로 있을 때 한 여자 목사가

있었는데 자신이 감당하기도 힘든 일들을 꾸역꾸역 넘겨받는 모습을 보고 놀라기도 했다. 자신이 제대로 된 결과를 만들지도 못하면서 남의 일까지 기회가 되면 뺏어서 가져가는 것을 보고 왜 저렇게까지 일을 만드나 싶었지만, 그 교회 문화에서 그 목사가 일을 잘하는 것으로 평가되는 것을 보고 더 놀랐다.

동북아 DTS의 아웃리치 기간에 난 '아무것도 안 함'의 목회를 배웠다. 정말 미치도록 무엇이든 해야겠다는 생각이 들었지만, 강제적으로 아무것도 못 하는 상황에서 사람이 얼마나 힘든 지도 경험했다. 내가 무엇인가 해야 하고 내가 무엇인가 감당해야 하나님의 역사가 일어난다는 신념 때문에, 목사라면 쉬지 않고 주를 위해 뛰어야 한다는 잘못된 가르침 덕분에 그 기간이 나에게는 너무 힘들었다. 그런데 아무것도 안 하는 것 속에서 고요히 하나님이 이루어 가시는 일을 깨닫는 것도 중요하다.

마태복음 11장 18절과 19절에 너무 명백하게 차이가 나는 두 사람이 나온다. 한 명은 세례요한, 한 명은 예수님이다. 예수님은 사역을 시작하자마자 세례요한과 많이 비교되었다. 그의 제자들 중에 몇몇은 세례 요한에게서 왔고 사람들도 두 사람에게 메시아에 대한 질문을 던졌다.

세례요한은 그 존재 자체만으로도 헤롯 왕이 신경 쓸 만큼 정치력도 대단했다. 금식하며 바른길을 걸으며 로마 정치에도 바른말을 했을 정도로 바빴던 세례요한이었지만 예수님은 달랐다. 세례요한과 비교하면 예수님은 아무 것도 안 했다.

예수님이 하는 일이 주로 무엇이었는지 19절에 예수님 스스로 밝히고 있다. 요즘 말로 바꾸어 말하면 '먹는데 욕심이 과하고 애주가이며 더러운 범죄자들과 특히 잘 어울리는 시정잡배'이다. 아니 도대체 3년 내내 뭘 하고 다니셨길래 사람들에게 내려지는 평가가 저랬을까? 가만히 앉아서 생각해보면 예수님은 저런 평가를 받을 만했다. 모든 선입견을 없애고 바라보면 예수님은 무언가 대단한 일을 한 적이 없다.

큰 교회 건물을 세우거나 자기의 세력을 키워서 예수파를 만들거나 열두 제자 휘하에 장수들로 로마군대와 싸워서 전쟁에서 승리하거나 아니면 체제를 전복시켜 바리새인과 제사장 아래의 불법이나 비리들을 파헤치거나 하는 일 말이다.

그런데 자신을 메시아라 하는 사람이 하는 일이라고는 세리와 죄인들이 앉은 자리에서 먹고 마시는 것을 탐하는 모습이었다. 만약 내가 그 자리에 있었으면 속이 새까맣게 타버렸을 것이다. 그래도 예수님도 너무 먹고 마시는 것에만 빠져있기 그러셨는지 죽은 자를 살리고 병자를 고치며 귀신을 내쫓는 사역도 간간이 하셨다. 그러나 언제나 그런 사역 후에 몰래 빠져나와 홀로 어딘가 숨어 지내셨다.

그런데 우리가 이러한 예수님의 모습에 개의치 않는 이유는 무엇인가? 모든 복음서의 끝을 알기 때문이다. 결국 모든 복음서의 장은 예수님이 십자가에 달리는 것으로 끝난다는 것, 그리고 그 이후 예수님이 그리스도인 것을 성령의 임재로 알게 된다는 것을 우리는 다 알고 있기 때문이다.

하나님이 하시는 일을 깨닫고 나면 내가 아무것도 안 하는 것 따위는 오히려 정말로 아무것도 아닌 것이 된다. 오히려 그 안에서 하나님이 무엇을 하고 계시는가를 깨닫는 것이 더 중요하다.

목회하면서 때론 사역을 하면서 스스로 너무 많은 일을 하려 하지 말자. 때론 그 일에 파묻혀 하나님이 하시는 역사를 깨닫지 못할 수도 있다. 혹시라도 지금 아무것도 하지 않고 있다면 조급해하지 말자. 하나님이 무엇을 하고 계시는지 깨닫기 위한 '잠시 멈춤'이라고 생각하자.

나 왜 사는 거지?

　교회를 사임하고 목사를 그만두고 난 3주는 정말이지 행복했다. 안 그렇겠는가?! 새벽예배의 압박도 없었고 나가서 성도들이나 장로님 마주칠까? 눈치 보며 마트 갈 일도 없었다. 설교를 쓰거나 보고서를 쓰거나 의미 없는 행사 기획안이나 예산안을 만들 일도 없어졌다. 더운 날씨에도 갑갑하게 채워 입어야 하는 정장 차림도 아니고 반바지에 슬리퍼를 신고, 안 감은 까치집 머리로 산책하러 나가도 상관없었다.

　오랜만에 맛보는 자유였다. 늦게 일어나 커피 한잔 마시며 유튜브 보며 실실 웃어도 누가 뭐라 하지 않았다. 이런 말 해도 될는지 모르지만 참 행복한 시간이었다.

　그러나 그 행복도 잠시뿐. 나에게도 어려움이 찾아왔다. 이쯤에서 어려움이란 흔히 내가 교회를 사임하고 평범한 삶을 살아간다고 했을 때 주변 지인들의 걱정 했던 "먹고사는" 문제이다.

"송 목사, 목사 안 하면 뭐로 먹고살래?"

지금도 이런 질문이 참 어이가 없다. 우선은 목사를 먹고 사는 문제로 생각하는 게 그렇다. 예수님은 먹고 사는 문제가 아닌 하나님의 나라와 의를 구하면 모든 것을 더하신다고 말씀하지 않았나? 설교도 다 그렇게 말하면서 왜 목사를 그만두니까 먹고 사는 문제를 이야기하나? 저렇게 물어보는 사람들에게는 화도 났고 어이도 없었다.

우선, 현재 나는 먹고사는 문제는 없다. 현재 일반인으로 산 지 3년, 먹고사는 문제는 더이상 문제가 되지 않는다. 그도 그럴 것이 쿠팡에 나가서 일해도 200만 원 가까이 벌고 두 부부가 나가서 일하면 월 500만 원 가까이 벌 수 있다. 또한 물류센터의 일이 그렇게 고되고 가혹하지도 않다. 부목사가 흔히 200만 원 벌기 어렵다고 하는데 정해진 시간과 정해진 업무만을 한다면 굳이 목사보다 더 행복하게 돈을 벌 수 있는 길이 세상에 많다.

그러면 난 무엇 때문에 힘들어했을까? 바로 '사명' 때문이다. 목사를 그만두고 일반인이 되었는데 무슨 사명이냐? 그렇지 않다.

사명이란 어렵게 말하면 존재의 목적이다. 하나님께서 각자의 존재를 창조하실 때 사람마다 삶의 목적을 주셨다. 더군다나 하나님의 자녀가 되어서 존재의 목적을 깨닫는 것은 당연하지 않은가? 목사를 그만둔 것보다 사명 없는 삶을 사는 게 너무 힘들었다.

목사일 때야 내 생각 없이 살아도 됐다. 시키는 일만 잘하고 담임목사가 뭘 원하는지에만 집중하면 만사 오케이였다. 내 생각이나 내 사명이나 내 주장은 교회에서 그다지 가치를 인정받지 못했다. 무언가 내가 원하는 기획안을 내놓으면 다들 이렇게 말했다.

"이런 건 송 목사가 담임 되고 하고~"

이러다 보니 오히려 내 사명보다 담임목사의 사명을 더 잘 아는 부목사가 되어가고 있었다. 8년을 그렇게 살다가 이제 담임목사가 내 앞에서 사라지니 정작 내 사명은 무엇이었는지 생각이 나지 않았다. 참 웃긴 이야기 아닌가? 예전에는 담임목사의 지나가던 어감만으로도 담임목사의 기분 상태를 알아맞히기까지 했는데 정작 중요한 나의 사명은 까맣게 잊어버리게 되나니.

부교역자였을 때는 나도 사명이 있다고 착각했다. 아니 난 그게 사명인 줄 믿었다. 바로 담임목사의 사명을 돕는 것, 목사들의 용어를 빌어 말하면 "담임목사님의 목회를 돕는 것", 담임목사가 외치면 따라 외치고 담임목사가 받은 말씀을 내 것으로 받아들이고 그저 "아멘"하고 따라 하며 담임의 사명에 내 모든 것을 올인하는 것이 나의 사명이었다.

교회를 옮겨도 사명은 변하지 않았다. 그런데 그 사명이 만약 진짜! 사명이라면, 왜 내가 목사를 그만둔 이후 난 사명이 없는 불쌍한 미아가 되었을까? 분명 그것은 나의 사명이 아니었기 때문이다.

가만히 앉아서 천장을 바라보는데 왠지 뒤통수를 맞은 기분이었다. 정작 8년간 사명을 위해 아무것도 한 게 없다는 게 너무 어이가 없었다. 그리고 지금, 이 순간 내 사명이 뭐였는지 고민해야 한다는 것도 너무 웃겼다. 그렇게 핸드폰으로 보고 있던 유튜브를 끄고, 혼자서 거실 소파 위에서 이렇게 중얼거렸다.

"아... 나 이제 뭐 해야 하지?"

8년간 목사로 있던 놈이 교회를 관두고 목사도 관두고 하는 말이다.

"뭐 해야 하지?"

먹고 살 걱정으로 이 말을 한 건 아니다. 월 200~300만 원 벌 직장을 걱정한 게 아니란 것이다. 이제 내가 하나님을 위해 뭘 해야 하는지 걱정한 말이다. 어렵게 말하면 하나님이 나에게 주신 사명을 생각하고 있던 것이다. 릭 워렌 목사의 유명한 저서인 '목적이 이끄는 삶'에서도 이 땅에 우리가 태어난 하나님의 목적에 대해서 설명하는데 당최, 난 이 땅에 왜 태어났는지 하나님이 나에게 주시는 사명이 뭔지 잊어버렸다.

한 존재, 개인에게 주어지는 하나님이 시키신 일, 그 사명, 사명이 없었다. 3주 정도 놀다가 문득 생각해보니 난 망망대해에 통나무 하나 의지한 채 떠다니는 실종자였을 뿐이었다. 돈이 필요해 편의점에서 일하면서도, 아니면 물류센터에 나가 돈을 벌면서도 내 마음 한 켠에 뚫린 구멍은 메꾸어지지 않았다. 돈이나 명예나 쾌락이나 게으름으로 채울 수 있는 것이 아니었다. 다시 말하지만 난 목사의 삶보다 이때 알바생의 삶이 천 배는 더 행복했고 만족했다. 그런데도 마음 한쪽에는 이런 질문이 생겼다.

"내가 지금 이거 할 때가 아닌데…"

그리고 잠시 뒤에 내 입에서 이렇게 말했다.

"목사란 놈이 8년이 지나서 자기 사명이 뭔지도 몰라 어벙벙하게 사는 꼬라지 하고는…"

그때부터 난 2평짜리 서재에 들어가 사명이 뭔지 고민하기 시작했다. 그냥 이렇게 살고 싶지는 않아서 사명을 찾아 나섰다. 한 두 달을 고민한 것 같다. 나의 사명을 찾는 시간이 말이다. 아내는 아마 내가 방에서 몰래 게임하는 줄 알았을 것이다.
때론 성경을 보며 때론 이면지에 생각나는 것을 적으며, 또는 과거의 나를 회상하며 나의 사명을 열심히 찾아갔다. 아무것도 생각나지 않고 확신이 들지 않아서 두 달 동안 꽤나 신경이 곤두서 있었다. 먹고사는 문제만 해결하면 편히 살 줄 알았는데 사명이 없으니 도대체 사는 게 사는 게 아니었다. 일을 해도 무의미한 하루를 보냈고 맛있는 것을 먹어도 행복하지 않았다.
그렇게 두 달동안 성경을 뒤지고 읽고 연구하다가 사도행전을 읽으며 바울에게 집중하기 시작했다. 왜인지는 모르지만,

성경 속 바울이 나에게 사명의 실마리를 줄 것 같았다. 꼼꼼히 그리고 꾸준히 사도행전과 바울의 서신서들을 읽어 내려갔다.

그러자 어느 순간 나에게 한 단어가 눈에 들어왔다. 영화에서 무언가 중요한 순간에 줌인(zoom in)이 되는 것처럼 전혀 쓸데없는 부사 하나, 그 부사가 내 눈에 들어왔고 나를 사명에게 이끌어 줬다. 그 구절이 바로 사도행전 9장 20절이다.

"즉시로 각 회당에서 예수가 하나님의 아들이심을 전파하니"

다들 알다시피, 바울은 말을 잘 못 하는 사람이었다. 흔히 글빨은 좋지만 말빨은 약하다고 해야 할까? 얼마나 말을 못 했으면 바울이 설교할 때 한 청년이 졸았다는 내용이 성경에 적혀 있을 정도이다. 그런데 그가 '즉시로' 각 회당에서 예수님이 하나님의 아들이라고 외쳤다.

그런데 여기서 한 가지 알아 둬야 할 게 있다. 아무도 바울에게 복음을 이방인과 이스라엘 백성에게 전하는 것이 사명이라고 이야기한 적이 없다는 것이다. 그런데 말재주가 한참 밀리는 그가 자신의 단점을 알았음에도 나아가 복음을 회당에서 외쳤다.

이 본문을 볼 때 갑자기 마음 한편에 이런 음성이 들려왔다.

"니가 하나님을 위해 앞뒤 생각 안 하고 바로 뛰어가 하려고 했던 것이 뭐지?"

'이제까지 내가 하나님께 무엇을 했지?', '내가 무엇을 잘할까?', '내가 어떤 것에 뛰어난 능력이 있을까?', '나의 장점은 무엇일까?' 등의 질문을 토대로 분석했다. 그런데 이 모든 것이 다 아니었다.

나에게 준 사명은 너무나 간단했다. "내가 주님을 믿었을 때, 내가 성령을 영접했을 때, 내가 성경을 보며 뜨거운 가슴이 일어날 때, 난 즉시 무엇을 하고 싶었지?" 이 질문에 답을 할 수 있다면 되는 거였다.

가족이 다 잠이 든 후에, 내가 예수님을 믿고 난 이후부터의 나를 곱씹어 보았다. 무엇이 가장 나를 "즉시로" 하게 만들었을까? 무엇이 나에게 생각보다 몸이 먼저 반응하게 했지? 나의 단점이 있음에도 무작정 버선발로 나가게 만드는 것은 무엇일지에 대해 생각했다.

고등학교 2학년 때, 예수님을 처음 믿고 바로 신학교에 들어갔을 때, 공부를 그리 잘못했음에도 학자가 되기를 꿈꿨다. 다들 교수를 꿈꾸냐고 했지만, 한국에서 교수를 하기보다는 베트남이나 태국, 미얀마와 같은 제3 세계의 국립대학의 교수로 가서 철학을 가르치고 싶었다. 신학도 철학에 속하기 때문에 신학과 철학을 아우르는 주제를 가지고 철학 박사 학위를 받아 타 종교권 나라의 학생들과 종교적 대화를 나누고 싶었다. 또한 그 이외에 성경 사역을 통해서 따로 성경에 대한 교육을 제공하는 일도 하고 싶었다. 그래서 타 종교에서도 토론할 수 있는 '죽음'이란 주제를 공부하기로 마음먹었고 성경 연구에 대한 노력도 하고 싶었다.

바울이 가진 사명도 바울만이 가졌듯이, 나도 나만이 가진 사명이 있으리라 믿었다. 2달간 서재에 틀어박혀 내 인생을 다시 돌아보며 드디어 사명을 찾아냈다.

죽음이란 주제로 박사학위를 받고 그 주제를 통해 베트남이나 태국, 미얀마에 교수로 있어 그들에게 복음을 받아들일 토대를 만든다. 그리고 성경 교육 사역을 병행한다.

대학생 때 내가 하나님을 위해 즉각적으로 반응한 나의 사명을 다시 찾는 데만 2달이 걸렸다. 그렇게 찾은 사명을 아내와 밤에 나누었다. 다행히 아내도 나의 사명을 듣고 함께 따라가기로 동의해 주었다. 그리고 그 사명을 토대로 가정의 방향을 정하기로 했다.

비록 일주일에 6일 나가던 일을 이틀만 나가고, 나머지 시간들은 강남까지 가서 독일어 학원에 다녀야 하지만 사명이 있기에 그만두고 싶다는 생각은 하지 않았다.

학원까지 오고 가는 길은 4시간이나 걸렸지만 앉아 가는 전철에서 짬을 내며 공부하고 있고 학원을 마치고 오는 길이나 일을 마치고 오는 길에도 언제나 헬스장을 들려 운동을 하고 집에 돌아왔다. 학원에 아는 동생이 어떻게 그런 스케줄을 가지고 몇 달을 살았냐고 할 정도로 피곤한 일정이었지만 사명을 향해 한 발짝 한 발짝 나아가는 기쁨은 이로 말할 수 없었다.

그렇게 하나님의 사명을 알게 된 이후, 삶 속에서 작은 변화들이 일어나기 시작했다. 쿠팡에서 일하는 목적이 좀 더 분명해졌다. 먹고 살려고 마지못해 오는 직장이 더이상 아니었다. 그렇다고 이곳이 나의 평생 직장이 될 곳도 아니었다.

이곳은 하나님이 나에게 주신 사명을 이루기 위해 거쳐 가는 곳이었다. 마치 바울이 복음을 전하기 위해 잠깐 텐트를 만드는 일로 돈을 벌었던 것처럼 말이다. 사람들도 다르게 보았다. 지나가던 관리자가 나를 보며 이렇게 말했다.

"사원님은 눈빛이 여기 계실 분이 아니신데..."

때론 내가 목사라고, 내가 기독교인이라고 말을 안 해도 주변의 20대 청년들이 쉬는 시간마다 상담을 해왔다.

"형, 저 이제 어떻게 살아야 할까요?"

"형, 결혼하면 행복해요?"

결혼문제, 연애 문제, 돈 문제, 부모님 문제, 인생 계획 등, 청년들이 나를 찾아와 묻곤 했다. 그럴 때마다 나는 퉁명스럽게 "나도 몰라. 인마!"라고 되받아쳤지만 이내 진지하게 상담해주었다. 갑자기 나를 대하는 태도가 달라진 친구가 있었다. 그 친구에게 진지하게 물어봤다.

"너는 도대체 왜 나한테 상담을 받냐?"

그러자 그 청년이 이렇게 답했다.

"형은 뭔가 알고 있는 거 같아서."

솔직히 내가 아는 게 뭐가 있겠냐마는 이제 내가 뭘 해야 할 사람인지는 알게 되었다. 세상은 그것을 인생 계획이라 부르고 때론 인생 목적이라 부르지만 난 그것을 사명이라고 부른다.

예수님도 그랬다. 남들처럼 목수였고 그저 하찮은 30대 남성이었지만 아무도 그를 평범하게 보지 않았다. 바울은 당시 열두 사도와 같은 사도였지만 바울은 바울만의 사명이 있었다. 아무도 감당하지 않았던 이방인의 복음 전파에 뛰어든 그는 당시 기독교의 이인자였던 베드로에게도 훈계할 만큼의 범상치 않은 인물이 되었다.

예수님과 바울뿐일까? 지금도 주안에서 자기의 사명의 길을 가는 모든 사람들이 이와 같다. 같은 시대에 살고, 같은 사람이지만 무언가 범상치 않은 모습. 나와는 다른 곳에 속하는 것 같은 느낌말이다.

이렇게 글을 쓰고 있는 지금도 사명을 향해 살고 있다. 그리고 그 사명이 나를 특별하고 행복하게 만들고 당당하고 독립적으로 만든다. 하나님이 시킨 일을 하는 사람에게 주어지는 특권일 것이다. 단순히 이 특권을 나 혼자만 누리기보다는 하나님을 아는 모든 사람들에게 주어졌으면 좋겠다.

목사가 담배 이름 외우는 방법

혹시 시중에 판매되는 담배의 종류가 얼마나 되는지 아는 목사가 있을까? 판매하는 곳마다 다르지만 대략 100여 개 이상이 된다. 엊그제 지나가던 편의점에서 다시 세어보니 전자담배까지 합해서 200가지가 넘었다.

"담배에 무슨 관심이 그렇게 많으냐?"라고 물으면 지금 할 이야기가 담배에 대한 이야기여서 그렇다고 해 두겠다.

내가 일했던 편의점은 가장자리가 좋은 곳이었다. 버스 정류장이 바로 앞에 있고 아파트 단지 안에 있으며 가까이 위치한 학교가 3개나 되었다. 버스 정류장이 바로 앞이다 보니 정류장에 버스를 기다리기 전에 담배를 사러 오는 손님도 많았고 버스 기사도 짬을 내서 담배를 사 갔다.

퇴근길에 들르는 손님들은 백이면 백 담배를 사 갔다. 그러다 보니 담배를 사는 고객의 수가 매우 많은 점포였다. 내가 기억하는 것은 126가지 담배가 내 뒤에 진열되어 있었다.

여기서 편의점과 담배에 대한 이해를 좀 하고 넘어가야 한다. 편의점은 물건이 하루에 약 3번 들어오는데 담배는 하루에 1번에서 2번을 받게 된다. 들어오는 물건 중 가장 먼저 수량 체크를 해야 하는 것이 담배다. 다음 알바생과 인수인계를 해줄 때에도 반드시 담배를 체크하는 편의점도 많다.

그 이유는 세금 때문이다. 오히려 팔아도 남는 게 없는 상품이고 분실하게 되면 손실률이 높다. 그래서 편의점 알바생에게 담배 이름을 외우고 다루는 것은 필요한 능력이다.

그런데 100명 교인 이름도 못 외운 내가? 담배 이름을 외운다? 처음에는 여간 힘든 게 아니었다. 이건 좀 부끄러운 이야기지만 교회학교에서 50명 아이들의 이름을 1년이 되어가도록 못 외운 사람이었다. 이 정도면 무언가를 외운다는 것은 나로서는 불가능했다. 그런데 담배라니.

우선 목사로서 기독교인으로서 담배에 대한 안 좋은 선입견이 담배 이름을 외우는 데 큰 방해가 되었다. 왜냐하면 담배를 피우는 것은 죄라고 생각했으니까. 담배를 피우는 성도, 담배를 피우는 장로, 담배를 피우는 청년, 미안하지만 나에겐 부정적인 이미지로 밖에 안 다가왔다. 그래서 편의점 알바를 시작한 지 두 달이 되도록 담배 이름 10개도 못 외우고 있었다.

내가 담배 이름을 못 외운 이유가 하나 더 있었는데 담배를 찾는 손님들의 태도 때문이었다. 담배를 찾는 사람들은 꽤나

급하고 신경질적이다. 대부분 담배 이름을 다 말하지 않거나 손가락으로 가리키는 것이 대부분이고 몇 초라도 기웃거리며 찾으면 "아! 거기 있잖아요!" 하며 짜증을 부리기 일쑤였다.

또 담배 앞에서 굉장히 다급하고 안절부절못하게 보이는 모습을 보일 때가 다반사였다. 그럴 때마다 나는 속으로 '이런 거 안 피면 좋잖아. 이런 거 피면 다 죄짓는 건데.'라며 담배 이름을 외우기보다는 불평하며 넘어가는 것이 다반사였다.

그러나 내가 안쓰러웠는지 사장님이 지나가시면서 한마디 던지고 가셨다.

"편의점에서 담배 이름 외우는 건 기본이야. 목사님이라 담배를 안 피워서 모르겠지만 담배 피우는 사람에게는 담배가 하나님이야."

'목사라서? 담배를 안 피워서?
기본도 못 하는... 놈이란 건가?'

왠지 모를 기분 나쁨이 속에서 스멀스멀 올라왔다.

'그래, 기본은 해야지!'

핸드폰으로 담배 진열대 사진을 찍고 집으로 가지고 와 외우기 시작했다.

"팔라멘트, 아쿠아, 던힐, 6미리, 말보루, 에세 골드..."

혹여나 들킬까 봐 몰래 서재에 가서 핸드폰 사진을 보며 외우고 또 외웠다. 그러나 외웠다고 생각하고 근무를 서서 담배를 찾다 보면 글자는 글자로 보일 뿐 도무지 매치가 되지 않았다. 못 외워서 힘들어하는 그 순간, 한숨을 내쉬며 이렇게 말했다.

'주님, 좀 도와주세요.'

그 순간 한 버스 기사가 잠시 차를 정차하고 스포츠 토토를 할 겸 들러 담배를 주문하셨다.

"던힐 1미리 주세요."

던힐을 이리저리 찾으며 1미리가 뭔지 머뭇거리는 나에게 기사님이 이렇게 대답하셨다.

"담배 안 태우시는구나."

"네 저 담배 안 피워요."

"저기 위에 중간 세 번째 하얀색, 네네.... 그거!"

그 기사는 스스로 담배 위치를 가르쳐 주시고 지긋이 나를 쳐다보며 대뜸 나에게 이렇게 말했다.

"이거 한 대면 오늘 힘든 일 싹 다 잊게 돼요.
담배 한 대 피우면 죽고 싶다 가도
하루를 그래도 버티게 해줘요.
이거 한 대 피우고
내일도 열심히 살아야지 생각한다니까요. 하하
자식들 생각하면 어떻게 담배 피우고 버텨야지."

말이 끝난 후 기사는 황급히 버스에 올라가 정류장을 떠났다. 그때 마음 저 구석 한켠에서 이런 목소리를 들었다.

'왜 담배를 미워하니?
그래도 담배는 하루를 버틸 소망을 주지 않니?'
'넌 저들에게 담배보다 낫긴 했니?'
'니가 했던 설교, 니가 했던 목회가
나를 믿지 않는 저 사람을 하루 더 살게 해 줬니?'
'하루를 더 살아 예수를 믿는다면
오히려 난 담배가 선하다 할 거야.'
'담배와 담배 피는 자를 사랑해봐.'

주님의 음성이었을까? 그 기사분이 주님이 보내신 분이었을까? 그 순간이 내 응답이었을까?

그날 이후로 단 3일 만에 난 담배 이름을 전부 다 외웠을 뿐만 아니라 뒤를 보지도 않고 담배를 꺼내고 심지어 손님이 담배를 주문하기도 전에 어느 담배를 피우는 지까지 외워 미리 꺼내기까지 했다.

한 손님은 문에 들어오자마자 뒤도 안 돌아보고 자신의 담배를 꺼내는 모습을 보고 감탄하기까지 했다. 아마 그 담배가 내가 기억하기론 '수 0.1'이었다.

이 담배 사건 이후로, 난 예수님을 이해하게 되었다. 예수님은 사마리아인들이 부정하다고 하기 전에 그 부정함을 사랑했다. 그래서 그 길을 걸으실 수 있었다. 먹고 마시며 노는 죄인과 세리들 사이에 예수님은 합석하시며 똑같이 즐겼다. 왜냐하면 그들이 먹고 노는 것을 사랑했기 때문이다.

예수님이 사람을 사랑하니 그들과 함께 한 것이다. "먹고 노는 것이 죄냐?", "죄인들이 먹고 노는 장소가 죄냐?" 이러한 것을 따지는 것이 아닌 억지로 하루를 버텨가는 그들에게 예수님은 본질로 다가갔다.

그것을 깨달으니 편의점 가판대에서 진정으로 눈물이 나기 시작했다. 진정으로 예수님의 사랑을 알았기 때문이다. 더이상 나에게 술 마시는 게 죄냐, 담배 피는 게 죄냐, 이게 죄냐, 저게 죄냐가 중요하지 않았다. 술과 담배를 피우는 사람들을 사랑할 준비가 되어있었다.

술과 담배를 피우고 아니 더 추악한 죄를 짓더라도 그들이 예수님을 만날 수 있다면, 나는 담배도, 술도, 그리고 사람도 사랑할 준비가 된 것이다. 죄인과 그들의 죄까지도 사랑할 준비 말이다.

목회의 자리를 떠난 지 이제 횟수로 3년쯤 되어간다. 그런데 아직도 교회는 '술과 담배가 죄냐 아니냐' 라는 주제를 놓고 싸우는 중이다. 기독교 유튜브나 기독 청소년들에게 많이 들어오는 질문이 바로 "술과 담배가 죄냐?"는 질문이다. 그럼 교회는 술과 담배가 죄인지 아닌지 성경적으로 해석해준다. 그래서 보수적 교회는 죄라고 말하고 진보적 교회는 죄가 아니라 말한다.

그러나 만약 예수님에게 누군가 "술과 담배가 죄냐?"고 묻는다면 예수님의 대답은 단 하나일 것이다.

"네가 담배를 피든 안 피든 술을 마시든 안 마시든 난 널 사랑해."

나만 바라보아도 하루에 내가 인지한 죄만 1천 가지가 넘는 죄를 범하고 있건만 나를 위해 죽으신 예수님의 사랑은 변함이 없다. 술과 담배가 죄라고 할지언정 예수님의 사랑을 막지 못한다. 로마서에서 바울도 말하고 있듯이 말이다.

(로마서 8장 / 개역개정)
38. 내가 확신하노니 사망이나 생명이나 천사들이나 권세자들이나 현재 일이나 장래 일이나 능력이나
39. 높음이나 깊음이나 다른 어떤 피조물이라도 우리를 우리 주 그리스도 예수 안에 있는 하나님의 사랑에서 끊을 수 없으

리라

　죽음조차 끊을 수 없는 사랑을 술과 담배 따위가 막지 못한다. 그리고 예수님이 사랑하면 그것으로 된 것이다. 더이상 술과 담배가 죄인지 아닌지를 구분 짓는 것이 의미가 없어진다. 사람은 누구나 그렇듯 더 좋은 것을 택하기 마련이기 때문에 그렇다.

　죄를 죄라 말하기 전에 사랑하라고 말하고 싶다. 사랑이 먼저라고 말하고 싶다. 예수님이 그랬듯이 말이다. 예수님은 죄 짓는 우리가 꼴 보기 싫었다면 결단코 십자가에 달리지 않으셨을 것이다. 그렇지 않고서야 어찌 우리의 머리털을 세신다고 하셨겠는가?

　앞서 말한 바와 같이 사랑하지 않으면 담배 이름조차 못 외우는 것이 사람인데 사랑하지 않는 사람을 위해 누가 죽을 수 있을까? 죄를 죄라 한들 없어지지 않는다. 죄의 끝은 사망이지만 그 사망은 그리스도 예수님 안에 있는 하나님의 사랑을 끊을 수 없다. 그러므로 사랑이 죄를 이긴다.

　얼마 전에 간 편의점에 들렀다가 더 많아진 담배들을 보며 웃음이 났다. 전자담배가 유행하면서 약 200개 정도 늘어난 듯했다. 그 담배들을 흐뭇하게 바라보며 알바에게 담배 이름 외우기 힘들겠다는 말 한마디와 함께 편의점을 나왔다.

늘어가는 담배는 나에게 더이상 죄가 되지 않았다.

사랑할 숫자가 늘어난 것일 뿐.

내 꺼 83만 원!

편의점 알바를 마치고 통장에 월급이 들어왔다. 83만 원. 내가 한 달을 일해서 번 돈이었다. 한 달을 일해서 번 돈치고는 적은 돈이었다.

내가 목사였을 때만 해도 한 달에 300만 원은 벌었으니까. 그러나 300만 원이라는 숫자에 만족한 적은 없다. 당연하다 생각하거나 오히려 적다 생각했다. 이름도 월급이 아니라 사례비라서 그런지 당연히 받아야 하는 것으로 생각했다. 오히려 남과 비교하기 일쑤였고 교구 목사가 되면 대심방 때 얼마나 더 벌 수 있는지에 대한 기대만 가득했던 것 같다.

그래도 목사는 일이 힘들지 않냐고? 미안하지만 내가 경험한 목사란 직업군은 대접만으로 보면 최고층에 속할 것이다. 교회에서 그래도 목사라면 젊어도 '님'자를 성도들이 붙여준다. 교회에 처음 나온 사람이라도 전도사, 목사라 하면 깍듯이 대하는 편이었다. 나야 대형교회에만 있다 보니까 300만 원이지만 200만 원 받고 부목사 하는 사람들도 있다. 그러나 받는 월급이 적으면 대부분 사택을 지원해준다. 또 심방이나 국가 공휴일에 이리저리 챙겨 주는 봉투들을 받다 보면 그래도 괜찮게 벌긴 했다. 내가 경험한 목사는 미안하지만, 세상 어떤 직업보다 편한 직업군에 속한다.

그렇게 벌던 목사가 이제 편의점 알바생으로 통장에 83만 원이 찍혔다. 통장에 83만 원이 찍힌 것을 보고 얼마나 눈물이 나던지. 너무 적어서? 서러워서? 아니다. 너무 값져서 이제야 내 돈이구나 생각돼서 눈물이 났다. 노동 후에 받은 월급이란 것에, 내가 일한 것에 대한 국가에서 정한 정당한 권리라는 것에 울었다. 83만 원. 누구도 훔칠 수 없는 나의 일한 대가. 순전히 나에게 주어진 돈이었다.

반대로 교회에서 목사가 월급을 받는 것은 목사 것이 아니었다. 교회에서 목사로 달마다 사례비를 받아 갈 때마다 귀에 못이 박이도록 들었던 이야기가 있다.

"너의 노력이 아니다!"
"돈만 보는 삯꾼 목사 되지 맙시다!"
"교회에서 주는 돈은 월급이 아니라 사례비다!"
"교회에 헌금을 많이 내라."

"결코 니가 잘해서 번 돈이 아니다!"

그래서 그런지 받아도 내 돈이라고 내 수고의 결과라고 말하지 못했다. 분명 내가 한 달 목사로서 일해서 번 돈이지만 왠지 내 돈이라고 하면 흔히 돈만 밝히는 목사의 명칭인 삯꾼이 되어버렸다. 내 돈 같지도 않으니 마음대로 쓰지도 못하고 그 돈을 쓰면서도 교회와 성도 눈치를 봐야 했다. 그런데 생각해 보면 삯꾼이라고 나쁜 것도 아닌데 말이다.

그러나 83만 원만큼은 내 것이었다. 편의점 사장이 나에게 '네 돈 아니다.'라고 하면 노동부에 신고하면 되고 사장님이 그렇게 생각하지도 않았다. 정당한 계약에 정당한 보수였다. 한마디로 내 거 83만 원이었다.

그날, 아내에게 83만 원 모두를 이체했다. 그리고 아내에게 말했다.

"너무 뿌듯하네. 내가 직접 번 돈이야."
"내 거야!"

그때서야 일하는 소에게 망을 씌우지 않는다는 성경 구절을 이해하게 되었다.

(디모데전서 5장 / 개역개정)
18. 성경에 일렀으되 곡식을 밟아 떠는 소의 입에 망을 씌우지 말라 하였고 또 일꾼이 그 삯을 받는 것은 마땅하다 하였느니라

일하는 소가 밭에 작물을 먹을 권리가 있다는 뜻의 구절, 교회에서 일하는 모든 각 구성원이 교회에서 일하고 받는 돈은 마땅히 받아야 할 돈이다.

그런데도 마치 자신의 권리를 주장하면 삯꾼으로 몰아가는 교회에서 나는 아무리 많은 일을 해도 지쳐가기만 했다. 그리고 300만 원을 받아도 부족해 보였다. 친구 목사는 교구 대심방으로 2천만 원을 땡겼다고 자랑하기도 했다. 그리고 그런 친구들에게 사례는 언제나 부족해 보였고 당연한 돈이었다.

모든 교회 구성원은 모두 입에 망이 씌워졌으니 말이다. 자신의 것이 아니요, 하나님이 다 하셨으며, 이 모든 것에 가능하게 하신 담임 목사님께 영광! 아마도 한국 교회 안에서 전도사, 목사라면 이해할 것이다. 그러나 이 83만 원만큼은 순전히 내 것이었다.

이 이야기를 하는 것이 단순히 목사의 사례비보다 편의점

알바 월급이 더 거룩하거나 낫다고 말하는 말은 아니다. 내가 말하고 싶은 것은 둘 다 같다는 것이다.

우리는 만인 제사장을 주장하는 사람들이 아닌가? 목사도 한 직업에 속하고 그에 대한 수입은 당연하다. 300만 원을 벌던 2천만 원을 벌던 당신의 합당한 수입이라는 것이다.

당신이 한 달 번 돈을 가지고 자신에게 수고했다고 말할 가치가 있다는 것이다. 그리고 그것을 내가 원하는 곳에 사용할 권리가 있다는 것을 말하고 싶은 것이다. 그렇게 한다고 해서 삯꾼이 아니라고 알려주고 싶다. 더이상 스스로 자신을 입에 망이 씌운 소처럼 살지 말라고 말하고 싶다.

모든 사람들이 어느 곳에서든 노동의 대가에 만족할 권리가 있는 것이다. 그래서 자신이 교회에서 받은 사례비를 월급이라고 부르라 하고 싶다. 하나님과 교회와 담임목사를 위해서 일하고 정당하게 받은 나의 소중한 가치이다.

자신의 정당한 보수를 섣불리 남에게 넘기지 말고 자기 자신의 수고를 위로하고 축하하는 데 사용할 이유가 있다. 왜냐하면 내 돈이기 때문에. 내가 열심히 한 달을 일해서 번 내 땀과 수고이기 때문에. 온전히 내 것이기 때문에!

예배만 드린다고
그곳이 교회는 아니다

교회는 무엇일까? 교회가 교회일 수 있는 이유는 무엇일까? 교회론이란 신대원, 신학교 시절에 조직신학이라는 학문의 영역에서 배우며 공부했을 질문들이다. 아니 목사라면 반드시 계속해야 할 질문이고 답을 가져야 할 질문이다.

근데 과연 우리는 이 질문을 교회에서 했을까? 목사인 나조차 이 질문은 전혀 하지 않았다. 얼마나 우스운 이야기인가? 교회에서 목사가 '이 교회가 진짜 교회일까?'라는 질문을 한다면 말이다. 아마 당장에 잘리고 짐을 쌓아야 하지 않을까? 그런데 내 기억에는 전혀 해보지 않았다.

교회는 그냥 교회였다. 무슨 짓을 하건 무엇을 하건 ㅇㅇ교회는 교회다! 라는 전제하에 모든 것이 시작했다. 예배를 드리니까, 교단 헌법 조건에 맞으니까, 집사, 장로, 목사, 전도사, 담임목사가 있으니까, 그냥 그래서 교회였다. 교회일까? 라는 질문은 우스갯소리보다 가치 없는 대답이었다.

하지만 가끔 나는 이런 원론적인 질문을 스스로에게 던지는 걸 좋아한다. 내가 그냥 알고 있던 사실들에 대해서 의심을 던져보는 것이다.

그렇게 나는 교회란 질문을 나에게 던졌다. 물론 쿠팡에서 무거운 짐을 내리고 랩을 싸면서도 스스로 생각하고 질문해보았다. 나에게 책상과 의자를 주지 않았고 두꺼운 조직신학 책을 읽을 시간조차 없어서 그저 내 머리에 기억된 것들로만 답을 찾아갔다.

'교회는 뭐지?', '교회는 왜 교회지?' 나는 그렇게 교회랑 아무 상관 없는 쿠팡 물류창고에서 답을 찾아갔다. 어렸을 때 내 머릿속에 세뇌된 목사들의 설교를 지우고 교회학교 학습지에서 나온 정답이 아닌 정답들을 다 오답으로 만들고, 헌법 책에서 주저리주저리 적어놓은 인간들의 규정 따윈 내다 버린 후에, 흰 백지 위에 다시 이 질문을 하기 시작했다.

정말 누가 말한 것처럼 나는 신 앞에서 선 단독자이다. 장소가 교회가 아닌 물류센터이긴 했지만 말이다. 흔히들 노가다라 말하는 그 장소에서 겨울에도 땀이 턱 밑에서 떨어지기 전에 얼어버리는 그곳에서 나는 끊임없이 교회를 질문했다.

우리는 흔히 예배를 드리는 곳이 교회라고 생각한다. 우리는 흔히 삼위일체 하나님을 믿고 그를 예배하는 장소가 교회라고 말한다. 이 정의에 있어서 누가 반대를 할 수 있을까? 내가 반대한다. 그저 머릿속에 외워진 정답 따위는 더이상 필요하지 않았다. 그렇게 몇 달을 고민하고 다시 생각하고 스스로 물었을 때 어느 날 내가 겪은 일로 답을 찾았다.

내가 일하는 센터는 반품을 맡아서 하는 곳이다. 그래서 반품으로 들어오는 다양한 물품들이 들어오고 그것을 분류하는 작업을 한다. 그런데 반품을 분류하는 도중에 박스와 안의 내용물이 다른 반품이 종종 들어온다는 얘기를 들었다. 쉽게 말하면 아이패드 박스에 아이패드가 아니라 갤럭시 탭이 들어 있는 상태로 반품처리를 한다는 것이다. 물론 이것은 반품이 아니라 범죄행위이다. 그러한 품목들만 따로 모아서 작업을 하는 곳을 보면서 지나쳤을 때 문득 교회에 대한 생각이 떠올랐다.

중요한 것은 예수님이다. 그 안의 내용물이 예수님이 없으면 그것은 교회가 아니다. 예배도 그렇다. 예수님 없이 예배를 드리면 그것은 부자연스럽다. 이치에 맞지 않는다. 우리가 하는 예배와 기도, 교회의 목적과 근거, 이유가 다 그분으로 말미암은 것이 아닌가? 중요한 것은 예수님이 그곳에 스스로 자기 의지로 계시냐는 것이다. 도대체 그분은 성경에서 스스로 발걸음을 어디로 옮기시고 어디에 계시기를 즐겨 했고 어떤 사람들과 함께하시길 좋아하셨냐는 것이다. 그분이 살아생전에 다닌 발걸음을 추적하면 그분이 현재 어디에 임하실지도 예측할 수 있으리라 생각했다.

일을 마치고 돌아가는 차 안에서 성경을 피고 예수님을 찾았다. 사복음서를 읽어내려가며 그가 스스로 발걸음을 옮기고 스스로 함께하셨던 모든 성경 구절을 읽어내려갔다. 그리고 드디어 깨달았다. 교회는 인간이 정한 곳이 아니었다. 교회는 법과 제도에 의해 성립되는 것도 아니었다. 교회는 장로가 몇 명이고 당회장이 세워지고 세례교인이 몇 명이고 집사와 권사가 존재한 곳에 있거나 주소가 확실한 곳에 세워지는 것이 아니었다. 아니 그러한 것들은 교회의 존재 이유나 조건이 되지 못했다.

교회는 예수님의 말씀을 따라 행동으로 사는 사람들에게 주어진 것이다. "주여! 주여! 주여!" 삼창이 아닌 험악한 세상에서 죽도록 악을 쓰며 신앙을 지키며 행하는 자들에게 주어지는 것이다. 그러한 사람이 모르는 채로 서로 거리에 지나가거나 아니면 버스를 기다리거나 음식점에서 밥을 먹고 있어도 그러한 사람이 두 명 이상만 있으면 주님이 계신다고 말씀하셨으니 바로 그곳이 교회인 것이다. 모르는 사람이어도 그 사람이 하나님의 자녀인 줄 몰라도 그러한 사람이 어느 공간에 같이만 있다면 주님이 계시고 그렇다면 그곳은 교회가 된다. 바로 그곳에 주님이 계시니까.

　주일성수, 한 특정한 교회에 출석. 교회학교 선생님들로부터 귀에 못이 박히도록 들어왔던 이야기들이다. 그런데 이런 것으로는 교회가 될 수 없다. 중요한 것은 내가 그 말씀대로 살아가는가이고 그리고 그곳에 나와 같은 사람이 존재한다면 그곳은 교회가 된다. 그렇다면 우리는 어디서도 예배를 드릴 수 있다. 예배를 드려서 교회가 아니라 교회에서 예배를 드릴 수 있게 되는 것이다.

　요즘, 그리고 가끔 주일에 일을 나갈 때가 있다. 물론 돈 때문인 경우도 있고 급전이 필요해서도 있다. 주일에 일어나 작업복으로 갈아입고 나아가는 내 영과 육에 어떠한 인간의 제약이 없다. 주일성수란 네 글자는 없어진 지 오래고 인간이 만들어 놓아서 체크 하는 출석 따위에 연연하지 않는다. 왜냐하면, 교회란 그런 것이 아니니까.

　일하다 보면 주일에도 나와서 일하는 사원들 중에 교회에 다니는 분들이 많다. 교회를 오래 다녀서 그런지 쓰는 단어와 뉘앙스들을 들으면 기독교인인지 아닌지 바로 알 수 있다. 그들 중에 주님을 위해 살아가는 자들이 나와 같은 일터에서 만난다면 난 그들의 이름을 몰라도 그저 한 공간에 모였다는 이유로 그곳은 교회가 된다.

주일에 일을 마치고 홀로 인터넷으로 주일예배를 드린 후 잠자리에 든다. 그래도 내 영과 신앙에는 변함이 없다. 교회 출석부 52칸에 X표가 하나도 없을지라도 난 괜찮다. 주일성수란 종교적 닭장은 더이상 나에게 안식처가 아니다. 나의 교회는 인간이 만든 교회가 아니기 때문에 내 교회는 그들이 만든 몇 글자와 생각에 갇혀있을 수 없기 때문이다.

요즘 난 어디서든 주님과 대화하며 어디서든 예배하고 어디서든 주님이 오심을 느끼며 살아간다. 내가 주님의 말씀대로 살아가면 주님은 나에게 오실 것이다. 그러면 그 공간에서 난 교회를 만들고 그곳은 나만의 예배의 장소가 된다. 걱정할 것이 없다. 중요한 것은 내가 하나님의 말씀대로 사느냐일 테니까.

예수님은 자유로웠다. 놀라운 것은 그가 유대인임에도 그를 속박한 모든 율법에서 자유했다. 600개 이상의 율법, 조상들이 만들어 온 율례, 종교인들이 제정한 법들은 그에게 아무런 효과가 없었다. 그는 사마리아, 그리고 그것도 여자에게 가서 말을 걸었다. 한센병 환자를 만지셨고 로마 백부장의 기도를 들어주시고 그를 존경한다고 말씀하셨다. 길을 가다 이삭을 까 잡수셨고 그는 신이면서 인간으로 죽으셨고 처참한 십자가의 저주 속으로 스스로 들어가셨다. 왜일까? 무엇이 그토록 예수님을 자유롭게 만들었을까?

(요한복음 8장 / 개역개정)
32. 진리를 알지니 진리가 너희를 자유롭게 하리라

진리 그 자체인 그분에게 비진리인 모든 것은 무의미했다.

교회는 그곳에 없었다.

쿠팡 오전 조는 새벽에 출근 버스를 탄다. 혹시나 새벽예배를 드리러 가실 때나 드리고 오실 때 버스 정류장 같은 곳에 사람들이 모여있으면 쿠팡으로 출근하는 사람들이라 보면 아마 맞을 것이다.

새벽에 모이기 때문에 겨울 같은 날에는 정말 추울 수밖에 없다. 새벽이라 문이 열린 상점도 없을뿐더러 문이 열린 곳이라고는 편의점뿐이라 대부분 추운 몸을 껴안고 발을 동동 구르며 출근 버스를 기다리는 게 대부분이다. 그리고 혹여나 버스를 놓칠까 봐 대부분 10분 전에 와서 기다리기 때문에 10분 동안에 추위를 견딜 곳을 찾기란 어렵다.

여느 때와 같이 내복에 오리털 파카를 입고 털모자까지 둘러쓴 뒤에 나도 버스를 기다렸다. 평촌역 하면 사람이 북적이는 동네로 유명하지만, 새벽만큼은 거리가 쥐 죽은 듯이 조용했다. 그때 당시에 영하 20도 가까이 떨어진 터라 추위가 파카를 뚫고 살에까지 파고들 정도였다. 발을 동동 구르며 다들 버스를 기다리는데 한 아저씨가 화가 난 듯이 혼자서 말을 했다.

"교회 같은 데서 커피도 잘 주더만 ...에이... 씨!"

목사였던 나는 그 소리에 왠지 뜨끔했다. 교회 다니시는 분 같지는 않고 지하철역에서 커피를 나눠주며 전도하는 모습을 보았던 것 같았다. 하긴 교회가 전도 사역을 할 때 보면 지하철역에서 커피 나눠주며 찬양을 부르는 게 전부였으니까.

그래도 이렇게 추운 날에 다른 것도 아니고 교회를 생각하다니 약간의 실소가 입가에 흘러나왔다. 그렇게 버스를 타자마자 다들 한숨을 쉬며 너무 춥다고 아우성이었다. 그래도 다행히 버스는 더울 정도로 히터를 틀어놨기 때문에 다들 언 몸을 녹이며 조금이라도 더 쉬려고 눈을 붙이고 있었다.

'교회 같은 데서 커피도 잘 주더만.'

아저씨의 말을 생각했다. 그리고 곰곰이 왜 이곳에는 교회가 없을까 생각했다.

쿠팡에 일하러 오는 사람들은 대부분 일용직이거나 일용직을 하다가 계약직으로 전환하신 분들이 80%를 차지한다. 원래부터 누가 물류센터에 취직하려고 했을까만 세상에서 사업을 말아먹거나 취직자리를 찾지 못해서, 또는 다양한 개인 사정으로 인해 급전이 필요한 사람들이 모인 곳이 쿠팡이었다. 흔히 말하는 인생의 바닥을 친 사람들이 모인 장소였다.

그런데 그런 곳에 교회가 없다? 그날 하루 쿠팡 곁에 교회가 없다는 것에 난 너무 어색함을 느꼈다. 약자들, 가장 낮은 곳에 함께 있어야 할 교회가 안 보인다.

그날 퇴근하면서 쿠팡의 출근 버스 대기 장소에서 전도하는 사역에 대해서 약간의 아이디어를 끄적여보았다. 쿠팡을 다니면서 정말 필요했던 물품들, 따뜻한 커피, 핫팩, 그리고 가장 필요한 힘내라는 한마디. 다시 시작할 수 있다는 누군가의 응원. 이것이면 충분했다.

그리고 난 획기적이라 했지만, 남들은 괴짜라고 생각했던 교역자 쿠팡 참여 아이디어도 만들어 보았다. 쿠팡은 다른 곳과 다르게 그날그날 근무를 신청할 수 있다. 그래서 교역자들이나 전도 위원들이 전도하는 날에 조를 짜서 출근 장소에서 전도하고 같이 그 버스를 타고 출근하는 것이다. 교역자라면 세상과 만나는 기회를 얻을 수 있고 7만 원 정도 보너스 급여를 탈 수도 있으니 괜찮은 기획이라 생각했다.

그래서 전에 사역하던 교회의 전도사에게 전화했다. 자초지종을 설명하면서 전도를 이곳에서 하는 게 어떻겠냐는 말을 했는데, 내 말이 떨어지기가 무섭게 그 전도사는 안될 거라고 말했다.

"목사님, 아시잖아요.
담임목사님이 그런 거 안 좋아하세요.
그리고 저희 여기 재개발 들어오는 세대들
전도하는 쪽으로 가닥을 잡은 거 같아요"

"근데 거긴 다른 교회들도 하잖아요.
여긴 어떤 교회도 안 와."

그래도 전도에 진심이라고 말했던 교회라 내심 기대를 했지만, 그들에게는 그들이 원하는 고객(성도)이 따로 있었나 보다. 하긴 새 아파트에 들어설 중산층 성도들이 인생의 바닥을 친 쿠팡 노동자보다는 훨씬 수지가 맞는 목회일 것이다. 그곳은 이미 아파트가 들어서기 전부터 주변의 교회들이 전도한다고 난리였으니까.
  전도 담당 전도사와 전화 통화 후 쓸쓸함을 감출 수가 없었다. 그날 집에서 먹던 저녁밥이 모래처럼 느껴졌다. 다음 날, 같은 시간 같은 자리에 앉아 추위에 손으로 내가 핸드폰에 적었던 쿠팡 전도 기획을 지우며 혼자 말했다.

"아.... 제기랄, 교회 같은 데서 커피도 잘 주더만...."

전 프랑스 유학 갈 거예요

　동탄 쿠팡으로 일을 나갈 때였다. 평촌역에서 7시 50분에 출근 버스를 타면 8시 40분쯤에 도착해서 9시부터 물류센터 일을 시작했다. 내가 하는 일은 주로 입고를 맡아서 했었는데 때론 입고에 사람이 차서 다른 업무에 배정되기도 했다.
　그날도 입고에 지원했지만 이미 지원자가 다 차서 '워터'라는 업무에 배치되었다. '워터'란 입고 전산 작업이 끝난 물품을 입고 진열 담당자에게 전달해주거나 손수레에 실어 주는 역할이었다. 레일 위로 오는 물건들은 가벼운 것에서부터 무거운 것까지 다양했다. 9시간 정도를 물건을 싣고 옮겨주고 하다 보면 겨울이어도 옷이 땀에 젖곤 했다.
　'워터'라는 업무에는 꼭 2인 1조로 배정되었는데 아무래도 몸만 쓰면 되는 파트라서 건장한 체격의 남자들이 자주 배정되었다. 그날 나와 함께 일한 사람은 키가 훤칠하게 크고 잘생긴 남자 청년이 배정되었다. 물류센터는 고된 업무를 하는 곳이고 먼지도 많아서 남자들은 대부분 자다 바로 일어난 상태로 나오는 게 다반사다.

그런데 이 청년은 머리부터 발끝까지 다 꾸미고 일을 하러 와서 적잖게 당황했다. 입은 옷을 보니 꽤나 패션을 생각하고 입고 온 듯했다.

"저렇게 꾸미면 나중에 땀 때문에 다 망가질 텐데."

쿠팡에서 일해본 사람들은 알겠지만, 쿠팡 노동자들은 두 가지가 항상 배고프다고 한다. 첫째는 점심, 둘째는 사람이다. 9시간 동안 말도 안 하고 일만 하다 보면 말하기 싫어하는 사람도 말을 하고 싶어진다.

나도 슬슬 일이 힘에 부치기도 했고 재미도 없어 그 청년과 대화를 하며 일을 하기 시작했다. 대화를 나누며 일하는 도중에 깨달은 거지만 이 청년이 생긴 것과는 다르게 굉장히 열심히 일한다는 사실이었다. 옷도 비싸 보이고 머리도 몇 시간은 만진 듯 보였는데 그런 건 아랑곳 안 하고 땀을 흘리며 열심히 일하고 있었다. 나도 열심히 안 한 건 아닌데 내가 좀 게을러 보일 정도로 눈에 불을 켜며 일하고 있었다.

물류센터란 곳이 정말 갈 곳이 없어 온 사람들이 일하러 오는 곳이라서 대부분 저렇게 눈에 불을 켜고 일하는 사람들은 드물다. 대부분 피곤한 눈, 지친 눈, 오늘만 잘 때우고 일당 받자는 눈이 대부분이다.

그런데 그 친구의 눈빛은 좀 달랐다. 활활 타오르고 있었다고 해야 할까? 키도 크고 얼굴도 잘생기고 옷도 잘 입고. 지금 시간에 학교 다니며 연애하고 찐하게 놀 나이인데 생긴 것과 다르게 성실하고 열정적이어서 일터의 다른 사람들과 다르게 보였다.

그러다가 그 청년에게 질문 몇 가지를 해보았다. 나이는 어떻게 되냐, 학교는 다니냐, 여기 왜 왔냐, 답은 간단했다. 나이는 예상한 그대로였고 학교는 패션학과를 나왔고, 돈이 필요하니 나왔다는 뻔한 대답들이었다. 그런데 내 입에서 목사의 버릇 때문이라고 할까? 안 해도 되는 질문을 했다.

"꿈이 뭐야?"

내가 말하고도 놀랐다. 이런 데서 꿈을 이야기하는 것도 웃기지만 목사의 말투가 갑자기 내 입에서 튀어나와서였다. 꿈이 뭐냐는 질문을 하고 나서 멋쩍게 눈을 피하는 나에게 그 청년이 대답했다.

"전 제 패션 브랜드를 만들 거에요."

마치 저 청년 이야기를 들으라는 듯 레일의 물건이 한동안 안 올라오기 시작했다. 그 청년이 빠릿빠릿한 눈으로 날 쳐다보며 갑자기 자신의 비전을 줄줄줄 이야기하기 시작했다.

"전 OO 대학교 패션 디자인 전공이에요.
지금 파리 유학을 위해서 돈을 모아야 해서 여기 왔어요."
"유학 후에 제 브랜드를 런칭할 거에요.
아마 4년 정도 걸리겠죠."
"브랜드 이름도 정해놨어요. 그래서 열심히 해야 해요"

이때만 해도 나도 꿈 없이 썩은 눈동자로 일만 하던 때였다. 여타 다른 사원들과 같이 하루 일당만 벌려는 눈으로 밍기적밍기적 일하곤 했다. 그런데 저 청년은 달랐다. 눈빛 하나만 다른 줄 알았는데 꿈 이야기를 들어보니 나랑 모든 게 달랐다. 그 청년은 사명이 있었다. 나랑 다른 유일한 차이점, 그러나 그 차이가 나와 저 청년을 전혀 다르게 만들었다.

이내 다시 물건들이 레일 위에 올라오기 시작했다. 그리고 퇴근할 때까지 더 대화를 나누지는 못했다. 고된 하루를 마치고 퇴근 버스에 올랐다. 쿠팡 퇴근 버스에 오르면 100명 중에서 99명은 잠을 잔다. 잠을 잘 수밖에 없다. 그만큼 고된 노동이기 때문이다. 나도 마찬가지다. 집에 가기 전에 1시간이라도 더 쉬기 위해서 앉자마자 자기 시작한다.

그런데 그날은 잠을 자지 못했다. 아니 잘 수 없었다. 그 청년의 말이 계속 내 머릿속에서 떠나지 않았기 때문이다.

'전 제 패션 브랜드를 만들 거에요.'

꿈이 뭐냐는 질문에 1초도 망설이지 않고 나온 답. 얼마나 그 꿈을 위해 살았으면 얼마나 그 비전이 소중했으면 얼마나 꿈을 이루기 위해 살았으면 알지도 못하는 사람의 질문에 1초도 망설임 없이 답을 할 수 있었을까?

목사가 아닌 나. 이제 아무것도 아닌 나는 최저시급만 받으러 쿠팡에 다니는 일용직일 뿐이었다. 목사가 꿈이었으나 이제 포기했으니 7만 원 벌려고 사는 비참한 인생이었다. 그렇게 약 50분 동안 버스 안에서 꿈이 없는 사람이 얼마나 비참한가를 깨달았다.

그때였다. 다시 들려오는 내 마음속 저 구석에서 들려오는 한 마디가 들리기 시작했다.

"목사는 꿈이 아니야!"

목사는 꿈이 아니야. 목사는 꿈이 아니다. 그렇다면 내 꿈은 뭐지? 퇴근하고 돌아오는 길, 뜨거운 커피 한잔을 들고 평촌역 밖 벤치에 앉아 사색에 잠겼다. 그때가 겨울이었는데 밖에서 무언가를 먹을 날씨가 아니었다. 그래도 날씨 따위를 신경 쓸 겨를이 없었다. 커피 한잔을 다 마실 때까지 추운 겨울에 벤치에 앉아서 계속 생각했다. 내 꿈이 무엇이었는지를, 내 비전은 무엇이었는지를.

두 시간이 지났을까? 두꺼운 파카 안에서도 찬기가 느껴질 때쯤, 자리에서 일어나 발걸음을 집으로 향했다. 아직도 내 질문에 대한 답은 찾지 못한 채로 나는 집으로 걸어가고 있었다.

다행히 현재 난 하나님께서 나에게 주신 사명을 찾았고 그 사명을 위해 살아가고 있다. 그러나 난 이 순간을 언제나 내 마음과 영에 각인시키고 살아간다. 꿈이 있고 없고가 얼마나 다르게 만드는지, 비전과 사명이 없으면 얼마나 사람이 비참해지는지를 알게 되었으니까.

목사는 꿈이나 비전, 사명이 아니다. 목사는 그냥 하나의 종교 타이틀일 뿐이다. 만약 목사가 꿈이라면 목사가 된 뒤에는 얼마나 허무하겠는가? 다시 말하지만, 목사는 꿈이나 사명이 아니다.

나는 이 사건을 이렇게 기억한다. 한 사람을 당당하고 고귀하게 만드는 것은 타이틀이 아니라 그가 가진 사명과 꿈 때문이라고. 노동자라도, 사장이라도, 교육전도사라도, 담임목사라도, 꿈과 사명을 아는 자만이 이 세상에서 당당하고 고귀하게 설 자격이 있다는 것. 마치 사도이든 아니든 박해자였던 선교사였던 상관없이 복음과 사명만으로 당당했던 바울처럼 말이다.

난 가족을 택할 거다

서재에서 성경 연구를 하는 도중에 전에 사역하던 교회 동기 목사님한테 문자가 왔다.

"OO 목사 암으로 얼마 전에 죽었다."

이미 같이 사역할 때, 암에 걸린 적도 있고 또 잘 치료해서 건강하게 목회를 이어나가는 줄 알고 있었다. 지인이긴 하지만 다른 교회에서 사역해도 연락할 만큼 친한 사이는 아니어서 연락은 접은 지 오래였다. 그래도 간간이 이래저래 소식은 다른 사람들을 통해서 듣곤 했다.
OO 목사는 나보다 한참 선배 목사로 그 교회에서 비서로만 몇십 년을 사역한 사람이었다. 교역자들 관계에서도 그리 좋은 관계를 이어가는 것 같지는 않았다. 비서라는 직분이 그렇듯이 담임목사 하나만을 위해 살아야 하는 사역이라 인간관계 중에서 가족이라도 남아있으면 다행이라고 할 정도였으니 말이다.

담임목사가 원하는 목적을 위해서 다른 교역자들을 윽박지르거나 교묘하게 자신에게 질책이 오지 않도록 타인에게 뒤집어 씌우거나 하는 일도 많았다. 그러나 이 목사님만 탓하기도 그런 게 거의 모든 목사가 강도만 다를 뿐 그렇게 살고 있었다. 교회 안의 약육강식에서 살아남으려면 어쩔 수 없다. 그냥 그 목사님이 제일 잘 적응했을 뿐이라 생각한다.

그래도 그런 목사님에게도 가족이 있다. 내가 알기론 자녀들이 아직 학교에 다니고 남편을 떠나보내기엔 사모도 아직 젊은 나이라고 할 수 있다. 그런 가족을 두고 이 목사님은 죽고만 것이다.

그냥 듣고 말 소식이지만 나도 가정이 있어서 그런지 괜히 이 소식에 나 자신을 대입해봤다. 평생 담임목사를 위해서 24시간 살다가 가족을 두고 죽고 만 목사의 삶을 말이다. 괜스레 마음 한쪽에 무언가 쿡 찌르듯 한 느낌을 받았다. 아마 한 한 달간은 그 느낌? 고통? 통증?을 안고 지내야 했다.

이 소식을 듣고 얼마 후에 포항에 계신 부모님을 찾아뵈었다. 머리도 식히고 괜스레 내 마음에 대입해서 받은 이상하고 괴상한 느낌도 지울 겸해서 말이다. 그렇게 부모님 집에 짐을 풀고 함께 식사하고 커피를 마시며 식탁에서 허공만 바라보며 멍 때리고 있을 때 어머니가 갑자기 오셔서 나와 함께 앉으셨다. 그리고는 이것저것 물어보시다가 갑자기 이렇게 말씀하셨다.

"OO 목사님 다시 암이 재발하셔서 돌아가셨단다.... 기도해 줘라."

어머니도 그 교회 권사시고 소식도 들으셨으니 당연히 아시리라고 생각했지만 나에게 직접 말을 하실 줄은 몰랐다. 그리고 바로 가슴 한 켠에 무언가 콱 찌르는 통증을 느꼈다. 커피를 마시며 다른 곳을 바라보며 애써 잊어보고 피해 보려 했지만, 통증은 더 거세져 왔다. 그리고 어머니를 바라보는 대신 어머니의 커피잔을 바라보며 퉁명스럽게 답했다.

"그래서, 교회가 가족은 책임져 준대요?"

내가 한 질문은 질문이 아니었다. 교회가 가족을 책임져야 할 의무가 있다는 말이었다. 그렇다. 내 말에는 뼈가 있었다. 적어도 교회라면, 목사라면, 자신을 위해서 목회자의 평생을 쏟

아부어 암에 걸려 죽기까지 노예처럼 노동했는데 적어도 그 가족은 보살펴줘야 하는 것이 아니냐는 독을 품은 질문이었다. 적어도 자신들이 목사고 자신들이 교회라고 스스로 자칭한다면 말이다.

그런데 어머니 입에서 내가 절대 듣기 싫었던 최악의 답이 나오고 말았다. 어머니는 이렇게 대답했다. 지금 이 글을 읽는 목회자들이나 목회자 지망생들에게 알려준다. 이게 한국교회 안에서 충성을 다하다가 죽으면 들을 말이다.

"야! 그걸 교회가 왜 책임지냐! 주의 종은 주님이 다 책임져주신다! 걱정하지 말고 기도나 해!"

난 그 교회가 남편을 사별한 그 가족에게 무엇을 해주었는지 소식을 들은 바 없다. 그러나 나의 어머니가 한 대답과 별반 다르지 않을 거라 본다.

그리고 이 순간을 기억했다. 그리고 곱씹었다. 내 몸 세포 하나하나에 새겨져 다시는 잊어버리지 않기로 했다. 뼈가 아닌 세포까지 새겨 내가 받은 이 느낌을 어느 한순간이라도 잊어버리거나 깜빡하는 일이 없기를 위해서.

흔히들 목사들은 가정보다 교회를 중요하게 생각한다. 그리고 설교에서도 육적인 가정과 영적인 가정으로 나누어 두 개가 다 가정이고 모두가 다 동등하게 중요하다고 원칙적으로 설교하지만 그들의 행동과 생각에는 교회가 더 중요하다고 강조한다.

목회자는 가정보다 교회를 우선시하는 것이 목사들의 세계에서 통상적으로 적용되는 전통이다. 또 그렇게 교역자 후학들을 가르친다. 물론 나도 그렇게 배웠고 그렇게 목회를 해왔다. 가정보다 교회에서 헌신한 이야기는 마치 과거 영웅호걸들의 영웅담처럼 전해져 내려오기도 한다. 그리고 그런 것이 당연하다는 듯이 받아들인다.

그런데 정말 그럴까?
정답은 "절대로 아니올시다!"이다.

여기서 난 교역자들에게, 그리고 교역자가 될 사람들에게 한가지 금기를 말하고 싶다. 교회보다 당신의 가족이 더 중요하다. 다시 말해볼까? 교회보다 가족이 더 중요하다.

만약 지금 누군가 교회와 가족 중 하나를 선택하라고 한다면 난 당당히 가족이라고 말할 것이다. 이것은 신학이나 목회학이나 신앙에서 나온 것이 아니다. 순전히 목사란 직분을 버리고 일반인으로서 살아온 내 삶의 교훈이다. 교회는 당신의 가족에 비하면 비할 바가 못 된다.

교회가 가정이라고 말할 근거는 없다. 성경에도 나와 있지 않다. 난 특별히 무언가 신앙의 근거를 찾을 때 예수님이 하신 말씀들에서부터 체크하는 것을 원칙으로 한다. 그런데 예수는 가족이라고 하는 정의를 교회라는 것으로부터 찾지 않는다. 예수님의 가족이란 정의를 내린 구절을 보자.

(마가복음 3장 / 개역개정)
35. 누구든지 하나님의 뜻대로 행하는 자가 내 형제요 자매요 어머니이니라

교회란 곳이 모두가 하나님의 뜻대로 행하고 있다는 증거가 되지 못한다. 하나님의 뜻대로 행하는 자들이 모인 곳이 교회라고 할 수는 있어도 교회가 하나님의 뜻대로 행하는 자들만 모인 곳이라고 말할 수는 없다. 예수님은 정확하게 하나님의 뜻대로 행하는 자가 내 가족이라고 말씀하셨다. 그러므로 교회는 가정이 될 수 없다.

더 정확하게 말하면, 교회 안에서 하나님의 뜻대로 사는 자들만이 예수님의 가족이 된다. 그러므로 교회가 당신의 가족

보다 더 귀하거나 똑같이 가정으로서 취급받을 수 없다. 그렇다. 교회는 가정이 아니다. 더 특별히 너의 가족도 아니다.

교회는 주님의 것이다. 교회에서 목사는 일꾼이며 종이다. 그리고 그 종이 수십만 명이 있다. 현재에도 많은 목사가 교회에서 목회하고 있으며 새로운 교회를 찾고 있다. 내가 그 교회를 맡지 않는다고 해도 이미 준비된 목회자들이 상시 대기 중이다. 목사는 주의 양 떼를 맡는 청지기일 뿐이니 청지기는 다른 청지기로 대체하면 되는 일이다.

그럼, 가족은 어떨까? 가족은 아버지 어머니 자녀로 구성된다. 여기서 아버지가 두 명이거나 어머니가 없이는 자녀 자체가 구성되지 못한다. 그리고 내가 자녀들을 낳았다면 태생적으로 아버지는 어머니는 나일 수밖에 없다. 그래, 맞다. 대신해 줄 사람은 없다는 것이다.

포항에서 늦은 밤 귀가한 후에, 자는 딸들의 얼굴을 보며 아빠는 나 한 명임을 알게 되었다. 나에게도 딸은 이들뿐이다. 아내도 한 명이고 아내에게도 남편은 한 명뿐이다. 이것이 어떻게 바뀔 수 있을까?

열왕기서에 보면 자식이 천하에 나쁜 놈이라도 그 아버지나 어머니의 이름이 바꾸는 것을 볼 수가 없다. 예수님도 한번 정한 부부의 연을 인간이 다시 나눌 수 없다고 말한다. 다시 말하면 가족은 대체 불가능이다. 당신이 없으면 아빠도 없는 것이다. 아빠는 단 하나뿐이니까. 앞서 내 딸과의 짜장면 데이트 이야기에서처럼 이 글을 읽고 있는 목사와 전도사들도 자신에게 주어진 자녀와 아내 또는 남편은 하나뿐임을 알아야 한다.

교회 일은 조금 못해도 괜찮다. 조금 미숙해도 정말 괜찮다. 당신의 부재가 교회의 큰 악재를 불러오지 않는다. 흔히들 교회에 목숨을 거는 친구 목사들에게 하는 말이 있는데 "너 없어도 교회 잘 돌아가."이다. 여러분이 없어도 교회는 잘 굴러갈 것이다.

그러나 가족은 그렇지 않다. 당신이 없으면 굴러갈 수가 없다. 나는 그렇게 8년을 가족의 걸음을 멈추게 했다. 8년이 지나고 보니 내 가족은 한 발짝도 나 없이 움직이지 않았다. 목사를 버리고 아빠를 선택한 순간, 이제서야 우리 가족은 첫 1년이 되어가고 있다. 마침내 신혼의 1년을 시작하게 되었다. 그리고 이제야 진정한 가족을 어느 때보다 만끽하며 살아가고 있다.

목사에서 새가족으로

하와이에서 약 6개월 되는 DTS 과정을 마치고 집에 돌아왔다. 먹고 사는 문제는 정말 하나님의 은혜로 하루하루 잘 해결되었다. 어떻게 먹고 살까 하지만 그래도 하루하루, 세상 말로는 꾸역꾸역 살아냈다.

그래도 감사한 것은 가족 중에 더 갖고 싶고 더 먹고 싶은 걱정이나 욕심은 없었다는 것이다. 그렇게 하와이에서 귀국한 후에 어느 정도 새로운 삶에 적응해갈 때쯤 어려운 결정을 해야 할 시기가 왔다. 바로 출석할 교회를 정하는 문제였다.

DTS 과정에 함께 있었던 목사들이 있었는데 몇몇은 한국에 돌아가면 목회를 다시 시작하기 전까지 가정예배를 드릴 거라고 했다. 그러나 내 사정은 좀 달랐다. 스스로 목사이기를 포기한 내가 예배를 인도하는 것 자체가 꺼려졌다. 교회를 정착하지 못하고 옮겨 다니는 아이들에게도 어느 정도 정착하고 뿌리 내릴 교회가 필요했다.

그래서 결국 출석할 교회를 탐방하기로 했다. 지금은 그곳에 살지 않지만 그때 내가 사는 지역은 안양이었다. 안양은 큰 도시다 보니 중 대형교회가 많이 있었고 가까운 곳에 대형교회가 두 군데나 있어 출석하기에는 적격이었다.

이리저리 교회를 알아보고 예배를 드려보다가 결국 가장 큰 교회였던 ○○○교회에 출석했다. 사위세습을 한 교회지만 그래도 그나마 주위의 어떤 교회보다 설교가 가장 좋은 교회였다. 목사였던 나도 사모였던 아내도 은혜받는 설교여서 그 교회에 매주 출석했다.

그러나 주일에 앉아서 출석만 할 뿐 내 마음은 그 교회에 뿌리내리지 못했다. 붕 뜬 채로 교회를 출석만 하는 나를 보고 아내는 이렇게 말했다.

"기도해보고 우리 가족이 뿌리내릴 교회를 찾는 게 중요한 것 같아."

정말 그랬다. 주일에 마음에 맞지도 않는 교회에 앉아서 한 시간 있는 것은 곤욕이었다. 설교가 좋다는 것뿐이지 내 영에 다가오는 설교는 아니었다. 그렇게 아내는 내 마음을 알아채고 몇 가지 기도 제목을 가지고 교회 선택을 놓고 기도하기 시작했다.

여기서 정한 기도 제목 자체가 너무 웃기는데 첫째가 행사가 없는 교회였다. 하도 큰 교회에서만 사역해서 그런지 의미 없이 치루는 행사가 너무 싫었다. 또 그 행사에 들어가는 막대한 예산도 아까웠다. 도대체 왜 이 행사를 해야 하는지도 모르는 그런 행사를 일 년에 5~6번 해야 하는 것이 너무 지긋지긋 했고 교회 벽면과 게시판에 덕지덕지 붙은 포스터도 지겨웠다. 그래서 그런 행사를 안 해도 은혜로운 교회, 본질에 충실한 교회 그런 교회를 찾게 해달라고 기도했다. 정하고도 너무 웃겼다. 세상에 한국에서 행사를 안 하는 교회가 있을까?

두 번째는 예배당에 십자가만 보이는 교회였다. 요즘 교회들을 가보면 십자가만 보이는 교회를 찾기가 힘들다. 십자가 위에 행사 현수막이 걸리거나 다양한 구호가 적힌 현수막이 걸린 교회가 대부분이다. 성경 구절도 아닌 마치 어느 대회나 정치적 구호같이 느껴지는 그 문장들이 너무나 보기 싫었다. 그래서 들어가면 오직 십자가만 걸어놓은 교회를 원했다.

세 번째는 방송 시스템이 없는 교회였다. 미디어 시대라 그런지 교회에 들어가면 성경책 없이도 영화 보듯 가만히 앉아서 있으면 된다. 성경 본문에서 찬송가 가사, 교독문까지도 방송화면으로 다 보여주고 심지어 설교 중간중간 영상을 넣어 눈요깃거리로 즐비한 교회들이 너무 많았다. 전혀 나에게 맞지 않는 교회였다. 그리고 그저 육성으로만 설교로만 아날로그적으로 예배를 드리는 그런 교회를 찾고 싶었다.

다 종합해보면 우리가 찾는 교회는 쓸데없는 행사를 하지 않고 예배당에 아무것도 걸어놓지 않고 방송 시스템을 사용하지 않고 성도가 아날로그적으로 예배를 드리는 가장 재미없는 교회였다. 정해 놓고도 너무 웃겼다. 세상에 이런 교회가 있을까? 아니 이렇게 하고도 성장하는 교회가 있을까? 솔직히 나 자신조차 의심했다. 망하지 않으면 다행인 교회를 놓고 기도했으니 말이다.

그렇게 기도하며 주변의 교회들을 영혼 없이 출석하며 하염없이 주일을 보내고 있을 때쯤, 아내가 한 교회에 가보자고 이야기를 꺼냈다.

이건 뜬금없는 이야기지만 난 '죽음'에 대한 관심이 많다. 스스로 죽음을 주제로 공부하거나 자료와 도서를 읽고 죽음에 대해서 박사학위까지 따는 것을 목표로 삼을 정도로 진지하게 노력 중이다. 그런데 30분 거리에 한 교회에서 죽음 세미나를 한다는 것을 찾게 되었다. 그 교회 목사님은 이 세미나를 2회까지 끌어왔고 법인까지 세워서 올바른 죽음에 대한 인식을 위해 사역하는 목사님이라는 것을 알았다. 그래서 우리 부부도 이 세미나 2회차때 참석했고 지나가면서 저 목사님 설교를 듣고 싶다는 이야기를 했던 기억이 있던 차였다. 그런 아내가 그 교회에 가보자는 말에 교회를 검색해보았고 차로 30분, 근처에 애들하고 식사할 곳도 많고 교회도 주차장이나 여러 여건이 맞아 출석을 결정하게 되었다.

주차를 하고 예배당 1층에 앉아서 예배를 드렸다. 약 1시간의 예배를 드리고 우리는 바로 그 교회에 출석하기로 결정했다.

예배를 드리고 난 후 아내와 나는 이런 말을 했다. 우리가 기도한 세 가지가 모두 응답된 교회였다.

우선은 교회가 하는 1년 행사는 세 가지뿐이었다. 행사한다고 포스터를 덕지덕지 붙이지도 않았다. 우리를 인도한 분도 말하기를 교회가 재미없다고 했다. 그 말에 그런 교회를 찾고 있었다고 나는 대답했다. 1년을 출석해보니 정말 심심한 교회였다. 주중 행사라곤 찾기 힘든 교회였다.

그리고 예배당은 십자가 외에는 보이지 않았다. 그 흔한 교회 표어를 적은 현수막도 안 보였다. 예배는 방송을 틀지 않았고 스크린을 통해 아무것도 성도에게 제공해주지 않았다. 성경책 없이는 예배를 드리지 못하는 아날로그 교회였다. 그런데도 교회는 부흥해서 새 성전을 지었고 말씀에는 힘이 있었다.

성도들은 잘 모르지만, 목사들은 목사들의 설교를 굉장히 비판적으로 듣는다. 자기 담임목사에게는 귀 기울여 듣겠지만 그래도 은혜받기보다는 비판적으로 듣는 것이 대부분이다. 그래서 목사들이 예배 때에 은혜받기는 너무 어렵다.

자신이 설교하는 순간은 설교에 힘쓰느라 은혜받기 힘들고 남의 설교는 비판적으로 듣기 때문에 은혜를 못 받는다. 나도 목사였다고 누군가의 설교에 은혜받긴 너무 힘들었다. 번한 예화, 번한 주석, 번한 설교 흐름, 번한 설교 주제, 심지어 본문과 제목만 보면 설교의 내용 중 이미 80%는 알고 들어갔다. 그만큼 설교는 번하고 번했다고 생각했다.

그러나 그 교회에서 내가 설교를 들으며 은혜를 받은 것은 교역자가 된 이후로 처음이었다. 성경을 연구한 흔적과 그 결과로 나온 설교의 교훈은 내가 알지 못하던 것이었고 남들 다 하는 예화나 멋들어진 미사여구도 없었다. 마치 날것의 회를 먹듯, 설교를 듣는 순간 다른 레벨이라는 것을 바로 느꼈다. 그리고 설교 30분간 말씀들이 나의 영혼에 닿아 예배 후에 교역자가 된 이후 아내에게 처음으로 은혜 받았다는 말을 했다. 아내는 청년 때 이후로 처음으로 설교를 들으며 은혜받아 울었다고 했다.

출석한 날부터 잠언을 가지고 담임목사님께서 한장 한장 주일설교를 하실 때 목사인 나조차도 몰랐던 성경 연구의 흔적들을 보기 시작했다. 은혜를 넘어 경외감까지 들게 한 설교. 같은 교단에 이런 목사가 존재했다니 꽤나 놀라고 퍽 은혜를 많이 받은 그간 몇 달이었다.

아이들도 교회학교에 등록시키고 교회에 빠짐없이 출석하고 예배 후에는 경찰병원 쪽에 있는 순댓국집이나 햄버거집에 들러 가족끼리 점심을 먹는 재미도 컸다. 목사가 아닌 성도로서 자리에 앉아 얼마 만에 받아보는 설교의 은혜인지 몰랐다. 아내도 사모라는 짐과 외식에서 벗어나 한 사람으로서 은혜를 받는 것에 매우 만족해했다.

그러다 그 교회를 출석하기로 한 후에 몇 달 안 있어 아내가 재미있는 이야기를 꺼냈다.

"우리 아예 공식적으로 이곳으로 교회를 다닙시다."

지금 이미 교회를 다니는데 무슨 공식적인가? 신기해서 공식이란 의미가 무엇인지 물었더니 이렇게 아내가 대답했다.

"새가족으로 등록하고 다니자고요."

목사에서 한순간에 새가족으로 떨어지는 순간이었다. 세상에 목사인 내가 새가족으로 들어가다니 정말 말도 안 되는 일이었다. 차라리 목사라고 밝히고 다니는 게 낫지, 내가 새가족? 말도 안 된다고 짧은 몇 초 사이에 생각하다가 의외로 재미있겠다 싶어 바로 마음을 바꾸어 대답했다.

"그래. 다음 주에 바로 등록하자!"

우리 가족은 그렇게 새가족이 되었다. 아무도 모르게 몰래 순종적으로 아무것도 모르는 척 최소한의 정보만을 적어놓고 새가족 신청서를 제출했다.

4주간 새가족 훈련 일정을 듣고 새가족 훈련 후에 담임목사님의 면담 후 주일예배 후에 앞에 나와 수료식을 한다는 공지를 받았다. 4주간의 그 힘들고 어려운 새가족 훈련을 다 마치고 우리 가족은 교회의 정당한 가족이 되었다. 나는 아내와 집사로 등록이 되었다.

여기에 한 에피소드가 있는데 교계가 좁다는 말이 실감 나는 순간이었는데, 이 교회 수석목사가 나랑 WCC 한국준비위원을 몇달간 같이 한 적이 있었다. 그래도 모를 거라 생각했는데 새가족 3주 차 때 이미 알아채고 주변에 물어봐서 내가 목사란 것을 알아냈고 이미 목사와 새가족 관계자들에게 다 알렸던 것 같았다. 수료식에 한 집사님이 새가족 수료식에 앉은 날 보고 "목사님은 남선교회 가입 안 하시는 거로 해야겠죠?" 물어보는 걸 보면 말이다.

아무튼, 우스꽝스럽지만 목사는 그렇게 집사가 되어 한 교회에 성도로 자리 잡아 생활하고 있다. 그리고 설교와 예배에 은혜받고 있다. 남들은 뭐라 말할지 모르지만 나는 내 생활과 위치에 만족하고 있다. 목사일 때 그렇게 이상적인 교회에 가고 싶었지만 갈 수 없었던 것에 반해 기도의 응답으로 이상적 교회에 일원이 되어 아름답게 신앙생활을 하고 있다. 교회 가는 것이 즐겁고 말씀이 기대되고 목사님이 하시는 유일한 목회 사역인 죽음 세미나에 참여하는 것이 기쁘다.

예수님이 이 땅에 태어나실 때, 사람들은 좀 많은 것을 기대했던 것 같다. 왕궁에 태어났거나, 좋은 옷을 입고 있거나, 아니면 바리새파나 사두개파처럼 정치적 세력을 가지고 있거나, 아니면 왕이 될 만한 무언가를 가지고 있거나.... 그러나 예수님은 가진 것이라곤 몸뚱어리 하나만 가지고 세상에 왔다. 그것도 아기 몸뚱어리. 정말 다른 인간과 하등 다를 바 없이 그저 핏덩이의 모습으로 태어났다. 그런 예수님의 태생은 그래도 자라나면서 정치적인 행보를 걸을 줄 알았건만 그저 목수로 아버지의 가업을 이으며 그저 유대인 족속 중에 30대 건장한 청년으로 자랄 뿐이었다.

지금 만약 저런 태생의 예수님이 한국의 목사가 되면 출세가도를 달릴 수 있을까? 턱도 없는 소리일게다. 그렇다면 이제 자기 밑에 부릴 부하 정도는 대단한 사람으로 뽑아야 하건만 예수 밑에 있는 12제자와 플러스로 껴있는 바울도 어찌 보면 유대인 족속으로서 뭐 하나 내밀 것이 없는 사람들이다. 바울이야 그래도 전에 대단했다고 치지만 예수님을 믿은 이후로 모든 것을 잃어버린 사람이었다. 왜 예수님은 이런 사람들을 꾸려 자신의 뜻을 이루려 했을까?

예수님은 유대인의 왕이었지만 그들이 생각한 나라의 국왕은 아니다. 아니 그는 이미 그 자체로 왕이었다. 그런데도 그는 세상에서 땅에 선을 긋고 독립을 선포한 왕이 아니었다. 그는 세상을 죄에서 구원하고 다시 하나님에게도 하나님의 창조물들을 회복시킬 의무가 있었다. 그러기 위해선 그들에게 복음을 전해야 했다. 그 당시에 복음은 이 땅에 존재하지 않았던 것이었다. 유대인들에게는 받아들일 수 없는 것이었다. 적어도 바리새인이고 그들이 사두개인으로서 인간이 만든 정파에 속해 그들 스스로 창살을 만들어 옥죄고 제한을 둔다면 예수 복음은 아무런 쓸모가 없었다. 그래서 예수는 12명과 플러스 1명을 선택한 것이다.

어느 정파에 속하지도 않는 사람들, 그리고 그 정파에서 쫓겨나 빈털터리가 된 한 사람. 이 13사람을 가지고 예수님은 복음을 세상에 퍼뜨렸다. 제한이 없이 날것처럼 세상에 나온 이들에게 복음이 그 힘을 발휘했다. 나는 예수님이 도대체 왜 그렇게 태어나셨고 왜 그런 자들을 선택하셨는지 머리로만 알고 있었지만 영으로는 전혀 깨닫지 못하고 있었다.

그러나 내가 목사란 타이틀에서 벗어나고 나에게 제한이 벗어난 뒤에야 나에게도 그들처럼 복음이 힘을 발휘하기 시작했다. 인간들이 만든 불문율 따윈 나에게 아무런 효력이 없었다. 목사들이 만든 법 따위는 나에게 아무런 제한이 되지 못했다. 십일조, 주일성수, 목사로서의 태도 등, 그리고 목사들이 만든 자신들 만의 불문율 기타 등등. 성경에 나오지 않고 성경이 뜻하는 바가 아닌 것에 대해서는 스스로 판단하고 내가 믿는 신앙과 복음에 의해 말할 수 있는 자유를 얻게 되었다.

누구나 그렇듯 목사라면 교단에 속해야 하고 그 교단이 제정한 헌법과 신학에 따라 제한을 받게 된다. 어찌 보면 닭장에 갇힌 닭 같은 신세라고 할까.... 때론 복음과 진리도 교단의 방향과 정책이 이용되는 것이 다반사고, 좁은 시야로 보면 이러한 모든 기준이 교회에서는 담임목사의 생각과 신앙에 맞춰져야 했다.

비록 그것이 성경에 나오는 복음과 진리에 맞지 않더라도 목사는 그것이 맞는 것으로 연구하고 해석하고 믿고 나아가고 성도들을 설득해야 한다. 다달이 교회에서 월급을 받고 사택을 받아 생계를 유지하는 목사들에게 과연 복음이 제대로 작동할 수 있을까? 예수님도 서른 살에 공생애를 시작하시며 같은 생각을 하셨을 것이다. 그래서 그는 어느 정파나 어느 문파에 속하지 않은 날 것 같은 자들을 선발하기 시작했다. 그리고 바울도 날 것처럼 되게 만드셨다.

나도 우리 가족도 날 것이 되었다. 모든 것을 교파나 문파가 아닌 성경을 읽고 스스로 생각하는 신앙인으로 거듭나게 만들고 있다. 나에게는 더이상 교단의 구속이나 제한이 없다. 그들의 불문율이 작동하지 않는다. 그들의 경고나 협박이 우스운 소리로 들릴 뿐이다. 성경에 없고 복음이 아닌 그들의 이익과 자리 유지를 위한 정책은 나에게 아무런 영향을 끼치지 못한다. 그저 인간이 만든 바람에 날리는 먼지와 같이 느껴질 뿐이다.

성도인 나 송하용.

아니 그저 타이틀이라곤 하나님의 자녀인 송하용은 어느 때보다 복음을 따라 살고 어느 때보다 성경에 나온 진리를 통해 세상을 바라보며 살아간다. 타이틀을 내려놓고 인간이 만든 현대판의 바리새파와 사두개파의 제한들을 내려놓고 선진들이 간 길을 걷는다.

중요한 것은 내가 목사이거나 어느 교파에 속한 종교인이 아니라 내가 얼마나 본질을 쫓아 살았는지가 하나님께 판단될 것이기 때문에 성도임에도 만족하고 기쁘게 살아가고 있다.

사명 / 에필로그

짧게나마 바울과 사명에 대해서 이야기했으니 글을 마침에 있어서 느헤미야의 이야기를 하는 것이 좋을 것 같다. 예레미야서에서만 머물러 있던 나는 깊은 영적 우울증에 시달렸다.

나는 솔직히 누구보다 한국교회를 사랑한다. 그래서 더욱 이런 한국교회의 부패가 이질적으로 느껴져 반대 급부로 행동하는지도 모른다.

그러나 난 누구보다 한국교회가 망하지 않기를 바라고 있다. 그래서 더욱 더 망하지 않는 길을 외치려 했지만 그 길을 교회가 의도적으로 거부하는 것을 느꼈을 때에 그저 무력하게 나는 스스로 도망한 것인지도 모르겠다. 내가 바꿀 수 없으니, 난 망하는 저 배에서 혼자라도 탈출한다는 식이다. 말은 그렇게 했지만 좌초되는 배에서 사람들을 구하지 못한 나 자신에게서 도망치고 싶은 건지도 모르겠다.

내가 스스로 자멸하고 있을 때에, 나를 한발짝 내딛게 하신 분이 있다. 예수전도단 DTS에서 나의 스탭(staff)으로 지정되시고 나를 이끌어주신 엄진원 선교사님이시다. 나이가 지긋하시고 선교사 출신이시며 꽤나 보수적일 것 같이 생기신 분이 나의 스탭이 되셨다. 우리는 일주일에 한번 영적 상담을 하는데, 그 시간에 나의 이야기를 들으신 후에 나에게 이렇게 말씀하셨다.

"한국교회가 망하면 뭐! 망하라지. 하나님 뜻이면!"

참고로 이분은 합동측 소속이시다. 보수적일 줄 알았지만 나의 이야기를 들으신 후에 이렇게 되물으셨다.

"그래서 망한 후에는 어떻게 해야 할 것 같아요.
송하용 형제"

생각해보지 않았다. 그저 '망함'이라는 비극 속에 갇혀서 미친놈처럼 사람들에게 바른 길을 외치던 나였는데, 망한 뒤에라니. 그런데 이 질문이 나를 바꿨다. 하나님께서는 망하는 비전을 나에게 보여주신 것은 망하는 것으로 나를 괴롭히려는 것이 아닌 망한 후를 준비하라는 사인(sign)이지 않을까?

그날 이후 예루살렘이 망한 이후에 하나님이 쓰신 사람들을 연구했다. 얼마 가지 않아서 바로 한 사람이 눈에 들어왔다. 그 이름은 '느헤미야'. 참고로 예루살렘이 망하고 다시 독립하기 전 쓰신 세 사람(에스라, 에스더, 느헤미야)이다. 그 중에 느헤미야가 나에게 큰 영감을 주었다.

느헤미야는 기름부은 자가 아니었다. 왕, 제사장, 선지자가 아니었고 그의 지파이름도 나오지 않는다. 그들에게 가장 중요한 것이 이제는 아무런 소용이 없게 된 것이다. 기름부은 자라는 칭호나 지파명과 같은 것들은 이제 저 멀리 역사 속으로 사라져 버린 것이다. 그들에게 남은 것은 자기 이름뿐이었다.

"하가랴의 아들 느헤미야의 말이라" (느 1:1)

그의 책에 첫 시작이다. 술관원장, 레위지파, 선지자 출신, 목사 출신, 총회장이 아니라. 그저 이름 한 줄이 그의 책의 시작이었다. 누군가 자신을 부를 때 앞에 다양한 칭호를 단다. ○○교회 목사, ○○교회 부목사, ○○ 책 저자, ○○위원회 간사, ○○ 족구팀 총무, ○○, ○○ ,○○ ,○○. 이름 석자.

느헤미야는 세상에서 인정받은 사람이었다. 목사들에게 묻고 싶다. 그대들이 한국교회가 폭삭 망해서 세상에 나갔을 때에 느헤미야처럼 술관원장의 자리까지 올라갈 자신이 있느냐고 말이다. 느헤미야는 대제국인 바벨로니아가 인정한 인물이었다. 그가 술관원장을 내려놓고 자신의 나라로 돌아간다는 말에 왕이 후원할 정도로 신임한 인물이었다. 교회 설교에서 이 부분을 많이 다루지 않지만 여기에서는 다루고 싶다.

그래서 우리는 교회가 아닌 세상에서 얼마나 인정을 받고 있는가? 앞으로 한국교회가 망한 뒤에는 하나님은 저런 사람을 쓰실 것이다. 그래서 내가 교회를 나와 목사를 버리고 당당히 일반인으로 살길 결정한 것이다. 느헤미야처럼 세상 속에서 먼저 인정받는 사람이 되기 위해서 말이다.

세상에서 먼저 쓰임받는 사람이 교회를 살리는 사람이 될 거라는 믿음으로 지금부터는 목사가 아닌 인간 송하용으로 살고 있다. 교회에서 곧 없어질 한자리 차지하기 위해 아둥바둥거리는 것이 아닌 망한 뒤에 살릴 자리를 준비하는 자가 되기로 난 결심했다.

느헤미야는 선을 아는 사람이었다. 느헤미야는 예루살렘의 성벽을 건축한 인물이다. 이 성벽은 두가지 의미를 지닌다. 첫째는 성전을 건들지 않은 것은 지도자로서 자신의 지켜야 할

선을 아는 것이다. 자신이 아마도 제사장 출신이 아니니 성벽까지만 건설 한 후에, 그 이후의 성전에 대한 욕심을 버린 것이라 생각된다. 물론 성전은 이미 에스라가 재건한 상태였지만 능력이나 권력으로 봐도 모두 자신의 공으로 돌리거나 자신도 성전을 지은 인물로 추가되어도 상관없다고 모두 말하겠지만 느헤미야는 하나님이 줄로 그어준 선을 넘어가지 않았다.

달리 말하자면 공적 영역에서 인정받는 인물, 자기의 이름 하나만으로 당당한 사람, 욕심 없이 자신을 컨트롤 할 수 있는 자를 하나님이 쓰실 것이란 것이다. 그리고 난 이것을 사명자라 부르고 싶다.

나는 지금 독일 유학을 준비하고 있다. 앞으로 한국교회가 마주한 상황과 세상에게 닥칠 어려움에 도움이 되기 위해서 '죽음'이란 주제로 주어진 사명을 다하기 위해서 그 첫걸음을 떼고 있는 중이다.

느헤미야처럼 세상에서도 인정받는 사람이 되기 위해서이다. 느헤미야와 같이 언젠간 한국교회의 무너진 성벽을 건축할 사람이 되기 위해서 말이다. 그때는 술관원장이 아닌 내 이름 석자와 능력, 사명감으로 무장되어 싸우고자 한다. 그때도 만약 책을 쓰게 된다면 느헤미야처럼 송하용이란 이름 석 자로 충분하기를 기대하면서 말이다.

이 책은 이제 아무것도 아닌 이름 석자만 남은 사람의 이야기이다. 누군가에게 나처럼 살라는 강요가 아니고 나와 다르게 사는 목회자들을 정죄하는 것도 아니다. 그저 사명(使命, 하나님의 명령) 과 사명(死命, 죽을 때 남길 이름)만 가진 자의 이야기를 남기고 싶었을 뿐이다.

이 글을 읽는 모두에게
하나님이 함께하시기를 축복한다.

어쩌다 쿠팡으로 출근하는 목사

목사 안 하렵니다!

1판1쇄인쇄 2021년 9월 27일
1판2쇄발행 2021년 10월 18일

지은이 송하용
그   림 김선희
편   집 나란히
홍   보 스티브jh
경   영 박봉순 강운자
펴낸이 송희진
펴낸곳 한사람
등록번호 제894-96-01106호
등록일자 2020년 2월 1일
주소 서울시 중구 퇴계로8길 49-19
홈페이지 https://hansarambook.modoo.at
블로그 https://blog.naver.com/pleasure20

ISBN 979-11-974132-6-1 (13230)

값 12,000원

ⓒ 저자와의 협약으로 인지는 생략했습니다.
　잘못 만들어진 책은 구입하신 서점에서 바꿔드립니다.

+ 매달 3만원씩 모은 돈을 책 만드는데 사용하라며 준
　최현주 님에게감사합니다.